7€00

Livre neuf
à prix réduit

© Éditions Jourdan

Paris

http://www.editionsjourdan.fr

Les Éditions Jourdan sont sur Facebook. Venez dialoguer avec nos auteurs, visionner leurs vidéos et partager vos impressions de lecture.

ISBN : 978-2-87466-475-5 – EAN : 9782874664755

Dépôt légal : D/2017/9685/36

Toute reproduction ou adaptation d'un extrait quelconque de ce livre par quelque procédé que ce soit, et notamment par photocopie ou microfilm, est interdite sans autorisation écrite de l'éditeur.

MARC LEMONIER

HISTOIRES DE SEINS

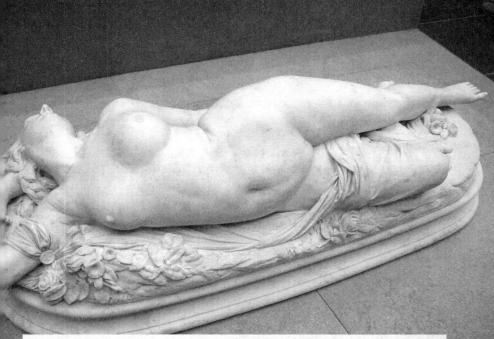
Auguste Clésinger : « Femme piquée par un serpent », 1847.

90 B…

« *La très chère était nue [...]*
Et son bras et sa jambe, et sa cuisse et ses reins,
Polis comme de l'huile, onduleux comme un cygne,
Passaient devant mes yeux clairvoyants et sereins ;
Et son ventre et ses seins, ces grappes de ma vigne. »
Charles Baudelaire, Les Bijoux

Ces « grappes de nos vignes », les seins, sont au centre de tant d'histoires étranges, effrayantes ou libertines, que bien souvent on ne sait plus à quels seins se vouer ! Ils sont trop nombreux, ils envahissent les collections des musées, les cimaises des galeries d'art, la scène des cabarets, on les rencontre au détour des films et des séries télévisées…

Nus le plus souvent.

Les seins ne sont jamais anonymes, ils ont presque toujours une histoire. En voici quelques-unes qui viendront répondre à des questions que vous ne vous étiez évidemment jamais posées. La principale étant le plus souvent et le plus simplement : « Mais pourquoi ces jeunes femmes sont-elles nues ? »

Elles ont leurs raisons, nous vous les décrirons.

Vous saurez quel est le mystérieux modèle à la poitrine délicate qui a posé pour un portrait de Cléopâtre par Botticelli ; nous vous dirons où voir la Joconde les seins nus ; vous saurez qui trouvait que Colette avait de « beaux nichons » et comment il avait bien pu les voir… Vous saurez également pourquoi les chasseurs de scoops, amateurs de clichés de seins dénudés, se nomment des *paparazzi*…

Les statues antiques présentaient régulièrement des femmes aux seins nus, puis ils disparurent. Ils réapparaissent après la longue nuit du Moyen-Âge, sans doute plus paillard qu'on ne le dit, mais souvent plus chaste lorsqu'il s'agit de représenter le corps humain. À la Renaissance, la nudité féminine devient à nouveau un sujet à part entière. Depuis, des milliers de toiles offrant aux regards des femmes dénudées ont été peintes par des artistes qui se paraient presque toujours de prétextes mythologiques ou bibliques, nous vous les rappellerons, tandis que certaines femmes célèbres le sont autant grâce à leurs poitrines, évidemment dénudées, que par leurs multiples autres talents.

Nous vous les présenterons, en découvrant au passage que certaines de ces représentations contiennent des significations cachées au plus grand nombre, dont les seins sont les messagers.

Voici donc quelques histoires de seins.

90 b(elles) histoires racontées sans voiles.

Sebastiano del Piombo : « Le Martyre de sainte Agathe », 1520.

SAINTE AGATHE

Mais sous quel prétexte religieux un peu tordu les Siciliens en sont-ils venus à manger des gâteaux en forme de sein ? Ce serait leur manière, au goût peut-être discutable, de rendre hommage à sainte Agathe.

Agathe était la plus belle jeune fille de Catane. Quintien, consul de Sicile, tomba amoureux fou d'elle. Mais malheureusement pour lui, cette beauté fatale, issue du meilleur monde, touchée par la grâce divine, décida de demeurer chaste et pure au service du Christ. Après avoir vainement essayé de la séduire, Quintien fut pris d'une fureur à la mesure de sa passion. Il la kidnappa et la jeta entre les griffes d'Aphrosine, une tenancière de bordel. Pendant trente jours, les filles de la maison close tentèrent de la convaincre de céder au consul et de goûter aux plaisirs… Rien n'y fit.

Quintien décida de venger cet affront en lui infligeant d'ignobles tortures. Jacques de Voragine, dans sa « *Légende dorée* »[1], raconte le supplice de la jeune fille obstinée… « *Le consul furieux lui fit tordre les seins et ordonna ensuite de les lui arracher.* » Et Agathe : « *Tyran cruel et impie, n'as-tu pas honte de couper chez une femme, ce que tu as toi-même sucé chez ta mère ? Mais sache que j'ai d'autres mamelles dans mon âme, dont le lait me nourrit.* »

---

1. DE VORAGINE, Jacques, *La légende dorée*, Points-Seuil, 2014. Texte original rédigé entre 1261 et 1266.

La nuit même, un vieillard vint visiter Agathe dans sa geôle et – après quelques tergiversations encore liées à sa pudeur extrême – la jeune martyre accepta qu'il lui frôle ce qui lui restait de seins. Bonne idée, car c'était saint Pierre en personne. L'apôtre les lui fit repousser. « *Et sainte Agathe se trouva entièrement guérie, avec ses deux seins restaurés par miracle.* » Il va sans dire que cela ne suffit pas à calmer Quintien. Il la fait torturer à nouveau, elle est jetée dans les charbons ardents et les tessons brisés et meurt dans d'atroces souffrances, alors même que l'Etna entre en éruption, provoquant un terrible tremblement de terre…

Curieusement, les peintres choisirent de représenter le premier épisode de son supplice… Il faut dire que les occasions de peindre des femmes nues en invoquant des sujets religieux étaient les bienvenues. Au milieu du XVIe siècle, Jean Bellegambe présente la sainte topless, le front couvert d'une auréole de lumière. Sebastiano del Piombo, auteur d'une toile intitulée « *Le Martyre de sainte Agathe* », profite de ce magnifique prétexte pour donner à l'art érotique *BDSM* l'un de ses premiers chefs-d'œuvre : deux hommes de main, armés de longues pinces, triturent la poitrine menue de la sainte, tandis que la foule des voyeurs les entoure. Lanfranco Giovanni préfère figurer saint Pierre en train de soigner Agathe dans son cachot, lui caressant la poitrine du bout des doigts. C'est charmant. Le pudique Zurbaran, plus torturé lui-même que jamais, choisit de représenter les scènes postérieures au miracle de la repousse : Agathe porte ses anciens seins découpés sur un plateau, les Siciliens s'inspirant de la scène font même des gâteaux aux fruits rouges à l'image de ses nichons.

Mais le plus simple reste encore de représenter Agathe à demi nue, les seins intacts, superbes. Elle lève les yeux au ciel sans un regard pour la tenaille, instrument de son futur supplice. C'est la solution retenue par le peintre toscan Riposo Felice au XVIIe siècle, qui avait ce jour-là très envie de peindre une poitrine féminine dénudée… C'est d'ailleurs pour la même raison qu'il peignit la mort de Cléopâtre ou sainte Marie-Madeleine.

Sainte Agathe, fêtée le 5 février, est invoquée pour la prévention des tremblements de terre. Elle est naturellement par ailleurs la sainte patronne des nourrices. La sainte des seins.

Et donc pour honorer sa mémoire, les Siciliens dégustent des gâteaux en forme de seins. C'est d'ailleurs le sujet d'un roman de Giuseppina Torregrossa, « *Les Tétins de Sainte-Agathe* »[1], qui présente une grand-mère parlant de tout et de rien à sa petite-fille tandis qu'elle pétrit la pâte destinée à produire les célèbres gâteaux en forme de nichons. L'histoire de la sainte, qu'elle lui raconte chaque année, lui permet de l'initier à mille et une petites choses de la vie d'une fille : « *Tu dois savoir que, si tu ne ressens pas de plaisir quand ils te touchent, les hommes se sentent atteints dans leur virilité, mais gare à toi si tu y prends du plaisir, parce que là ils te prennent pour une putain.* »

Sainte Agathe n'a jamais eu ce choix : elle est morte vierge et martyre.

---

[1]. TORREGROSSA, Giuseppina, *Les Tétins de Sainte-Agathe*, Le Livre de Poche, 2012.

Photo prise dans les années 50 par Iwase Yoshiyuki.

LES AMAS

Que pouvaient bien faire ces jeunes Japonaises aux seins nus qui, depuis des millénaires, plongeaient dans les eaux claires de l'océan Pacifique ? Des baigneuses téméraires, des naïades, des sirènes, des pêcheuses de perles ?

Le peintre Hokusai a immortalisé la plus jolie d'entre elles dans une pause scabreuse, allongée nue sur le sable, un poulpe gigantesque s'insinuant entre ses jambes, collant sa bouche monstrueuse contre son sexe…

Les femmes du petit port d'Onjuku, sur la côte est du Japon, ne sont pas toujours aussi familières avec les animaux marins. Les Amas – les femmes de la mer – sont au contraire leurs prédateurs les plus redoutables et ce, depuis la nuit des temps. Chaque matin, elles filent vers le large en bateau, lestent leur ceinture de plaques de plomb et plongent une à une. Elles nagent en apnée, quelques dizaines de secondes tout au plus, le temps d'atteindre le fond pour capturer leur proie et de remonter. Elles répètent l'opération des dizaines de fois par jour. Reliées à la surface par une longue corde et armées d'un couteau de plongée, elles ramassent des ormeaux, de gros bigorneaux, des oursins ou des poulpes, parfois des huîtres, et très très rarement des perles… Car ce sont les célèbres « pêcheuses de perles » de la région d'Osatsu, même si cette activité tient de la légende, une légende plus spectaculaire que leur réalité banale de ramasseuses de coquillages. Quand elles ne sont pas en mer, on les croise aux alentours du temple Shinto d'Ishigamisan. Dans les villages, leurs maisons se reconnaissent à la présence sur le seuil de la grosse pierre ronde trouée avec laquelle elles lestent la corde qui pourrait les aider à remonter du fond en cas de problème.

Pourtant rien de tout cela ne suffirait à leur assurer une célébrité universelle. En effet, aujourd'hui, les Amas plongent le visage protégé par un masque et portent des palmes et une combinaison. Les plus jeunes d'entre elles ont une soixantaine d'années et leur belle équipe va disparaître un jour. Ce sont des petites dames dignes et charmantes.

Pourtant, il y a quarante ans à peine, elles scandalisaient et émoustillaient les Occidentaux. Les délicieuses Amas étaient comparées aux sirènes, le sexe à peine voilé par un pagne léger, maintenu par une cordelette se glissant entre leurs fesses rebondies. Elles plongeaient les seins nus. Elles étaient superbes, musclées, bronzées, le sein menu et ferme, aux tétons toujours érigés par la fraîcheur de l'eau, le corps luisant d'une myriade de gouttelettes…

Au cinéma, Kissy Suzuki, le personnage féminin du film « *On ne vit que deux fois* », une aventure de James Bond avec Sean Connery, se glisse parmi elles pour plonger discrètement vers une base ennemie. Malheureusement, il est déjà trop tard, la nudité quasi totale n'est plus de mise et les Amas portent des combinaisons légères et un fichu blanc censé conjurer le sort.

Heureusement, pour les retrouver charmantes et dénudées, il reste les estampes d'Hokusai et du mouvement artistique Ukiyo-e d'Utamaro. Mais la laideur n'est jamais loin, les bêtes guettent les Amas, les estampes les présentent en grand danger de se faire violer par des monstres marins.

Aujourd'hui encore, alors même qu'elles se sont rhabillées, l'imaginaire érotique japonais se nourrit de l'image délicate des Amas, les plongeuses aux seins nus.

Pierre Mignard : « La Rencontre d'Alexandre avec la reine des Amazones », vers 1660.

LES AMAZONES

Mais pourquoi ces cavalières émérites se faisaient-elles amputer un sein ?

Les héros grecs de l'Antiquité ne les ont jamais affrontées sans crainte. Les Amazones galopent à bride abattue sur les rives du Thermodon en Cappadoce : rien ne pourrait les arrêter et certainement pas des hommes, une engeance qu'elles n'aiment guère. Les mâles ne comptent quasiment pour rien dans leur société. Elles ne s'en servent qu'une fois par an, lorsqu'elles s'unissent avec les plus beaux spécimens mâles capturés chez leurs voisins les Scythes. Mais seuls les bébés de sexe féminin naissant de ces unions sont assurés de survivre. Les enfants mâles sont tués ou estropiés, puis réduits en esclavage. Selon d'autres versions de leur légende, elles apprécieraient la fréquentation des infirmes considérés comme les meilleurs amants pour leur étreinte annuelle et procréatrice.

Le reste du temps, elles se battent contre toutes les peuplades de Grèce et des alentours. Elles ont surtout maille à partir avec les grands guerriers de l'Antiquité. Tous, simples mortels, dieux ou demi-dieux, furent plus ou moins vaincus par les armes des redoutables cavalières, avant d'être séduits par leur reine Hippolyte. Achille, Thésée ou Priam les combattent. Héraclès lui-même doit les affronter pour voler la ceinture de leur reine, fille du dieu Arès. Il n'y réussit qu'en la tuant et en massacrant ses guerrières.

Il est d'ordinaire moins facile de les vaincre. Ces femmes de la tribu chevauchent les purs-sangs légers des steppes, elles portent une hache et un javelot et se protègent derrière un bouclier en forme de demi-lune. Mais surtout elles tirent à l'arc : ce sont de redoutables archères.

Pour être plus habiles encore au tir, elles se battent la poitrine nue et pour mieux plaquer la corde de leur arc contre le torse lorsqu'elles visent, elles sont toutes amputées du sein droit. Leur nom viendrait d'ailleurs de cette particularité, *a* (sans) *et mazos* (seins).

Et c'est ainsi qu'elles entrent dans la légende, tantôt grivoise, tantôt féministe ou guerrière, le sein nu.

Cette réputation de quasi-nudité ne pouvait qu'attirer les créateurs de fictions légères. Peu soucieux de véracité historique, les producteurs de films d'aventure déplacèrent les Amazones du Proche-Orient en Amazonie, sans doute pour justifier leur nom, en passant par l'Afrique, où elles affrontèrent Tarzan et Maciste. Les films les plus absurdes de l'Histoire du *Cinéma bis* ont les guerrières de Cappadoce pour héroïnes : « *Lana la reine des Amazones* », « *Superman contre Amazone* », « *Les Amazones filles pour l'amour et pour la guerre* », « *Les Amazones du Temple d'Or* », « *Esclave des Amazones* », sans oublier « *Karzan contro le donne del seno nudo* », rebaptisé en français « *Maciste contre la Reine des Amazones* », réalisé – sous pseudonyme – par Jesus Franco.

Dans tous ces films, à l'image de Giana Maria Canale, l'héroïne de « *la Reine des Amazones* », ou de Magda Konopka dans « *Superman contre Amazones* », un personnage féminin, vaguement vêtu d'un pagne et d'un soutien-gorge en peau de bête, met sa poitrine au service de la légende des guerrières aux seins nus…

Wonder Woman elle-même, l'héroïne d'un *comics* américain imaginé par le dessinateur William Moulton Marston, est une Amazone, fille de la reine Hippolyte. Pourtant, ni la bande-dessinée, ni malheureusement la série où elle fut interprétée par la sculpturale Linda Carter, ni le film mettant en scène l'ancienne *miss* Israël, Gal Gadot, ne nous ont permis de découvrir un vrai combat d'Amazones, avec l'immémoriale technique de combat topless.

Quelques dizaines de parodies érotiques ou radicalement pornographiques viennent réparer cet oubli, inondant les écrans du spectacle d'Amazones les seins à l'air. Tant il est vrai qu'une Amazone trop chastement vêtue n'est plus une Amazone.

LES AMAZONES DU TEMPLE D'OR

Théodore Chassériau : « Andromède attachée au rocher par les Néréides », 1840.

ANDROMÈDE

Mais que fait cette pauvre fille enchaînée, les seins nus, sur la rive d'une mer tumultueuse ?

Elle s'appelle Andromède et c'est une femme autoritaire. On a beau tourner et retourner les étymologies grecques dans tous les sens, son patronyme le laisse augurer, signifiant « celle qui a la bravoure dans son esprit » ou « celle qui dirige les hommes ».

Andromède est la fille du roi d'Éthiopie, Céphée, et de la reine Cassiopée. Celle-ci n'est pas peu fière de la beauté éclatante de sa fifille adorée. Elle proclame un peu imprudemment qu'elle est bien plus gironde que les Néréides ou les nymphes marines qui font escorte au dieu Poséidon. Mais s'il y a bien une chose qu'il ne faut pas mettre en doute concernant une déesse ou une semi-divinité, c'est sa beauté. Les habitantes de l'Olympe et leurs amis peuvent tout supporter, qu'on les trouve cruels ou futiles, excepté qu'on puisse affirmer qu'ils sont moches ou qu'une simple mortelle puisse rivaliser avec eux sur le terrain de l'élégance.

Aussitôt, solidaire de ses copines les nymphes et très en colère, le dieu Poséidon provoque une inondation dévastatrice sur les côtes éthiopiennes et y envoie l'un de ses monstres marins favoris pour dévorer tout sur son passage, hommes, femmes, enfants et bétail. Le roi Céphée consulte alors l'oracle d'Ammon en Libye, qui trouve évidemment une manière simple de résoudre le problème, que l'on pourrait résumer ainsi : « *Pour calmer la colère des dieux, il n'y a qu'une solution : vous allez exposer votre fille Andromède, dont la beauté est la cause de toutes ces catastrophes, nue, enchaînée sur un rocher, pour que le monstre puisse la dévorer à son tour, ce qui calmera son courroux.* »

Il fallait se soumettre et tant pis pour la pauvre fille. Les Néréides, celles dont la reine Cassiopée avait froissé l'orgueil en les trouvant moins belles que sa fille, furent chargées de l'opération. Andromède est donc enchaînée, les seins nus frappés par les vagues en furie, tandis qu'à l'horizon surgit le monstre qui va bientôt la dévorer.

Mais heureusement, voici également son sauveur, le demi-dieu Persée en personne. C'est un garçon au destin un peu compliqué : sa mère Danaé a été séduite par Zeus qui, pour pénétrer dans sa chambre et lui faire l'amour, s'était déguisé en pluie d'or – une belle image du peintre Jan Gossaert en 1527 montre maman en peignoir, un sein nu, recevant extatique une sorte de douche dorée… Passons ! Depuis, la vie de Persée est une succession d'aventures parfois particulièrement dangereuses. Lorsqu'il s'avance sur les flots déchaînés, il vient tout juste de combattre et de vaincre Méduse et d'ailleurs, il porte encore sa tête sous le bras.

Voyant une belle fille nue enchaînée sur un rocher, il se précipite. La suite, c'est l'écrivain Ovide qui la raconte dans « *Les Métamorphoses* ». « *Persée la voit attachée sur un rocher et, sans ses cheveux qu'agite le Zéphyr, sans les pleurs qui mouillent son visage, il l'eût prise pour un marbre qu'avait travaillé le ciseau.* » Sous-entendu : « Tant son corps nu est parfait ! » Ce qui ne le laisse pas indifférent. « *Atteint d'un feu nouveau, il admire et, séduit par les charmes qu'il aperçoit, il oublie presque l'usage de ses ailes. Il s'arrête et descend : "Ô vous, dit-il, qui ne méritez pas de porter de pareilles chaînes ; vous que l'amour a formée pour de plus doux liens, apprenez-moi, de grâce, votre nom, celui de ces contrées et pourquoi vos bras sont chargés d'indignes fers"! Elle se tait : vierge, elle n'ose regarder un homme, elle n'ose lui parler. Elle eût même, si ses mains avaient été libres, caché son visage.* »[1]

Son visage, mais pas ses seins.

Persée passe immédiatement un accord avec les parents de la belle enchaînée : « Je tue le monstre et vous me donnez la main de votre fille. »

Il se bat alors contre la bête, présentée tantôt comme une baleine et tantôt comme un dragon et, bien sûr, réussit à la tuer. Cette belle histoire aura des conséquences diverses. Persée épouse Andromède, comme convenu, mais pendant les noces, il doit tuer l'oncle de sa fiancée, qui la convoitait également et lorgnait le trône d'Éthiopie. De ce mariage tumultueux naquit une dynastie qui régna sur Mycènes et compta quelques personnages au destin compliqué, comme la reine Atrée ou Héraclès en personne. Rien de tout cela ne serait advenu si Andromède n'avait pas eu d'aussi jolis petits seins.

Ce qui fit le bonheur des peintres. Que ce soit par le Titien, Rembrandt ou Gustave Doré, Andromède est toujours représentée nue, enchaînée sur un rocher battu par les vagues, alors qu'un monstre hideux se déplace vers elle ou que Persée, monté sur un cheval volant s'approche à l'horizon.

Théodore Chassériau, en 1840, fut sans doute le plus inspiré par la scène. Il fit définitivement entrer l'aventure d'Andromède dans l'univers des représentations sadomasochistes, en la représentant le visage déformé par l'effroi, enchaînée par les Néréides, poitrine nue comme il se doit.

---

[1]. OVIDE, *Les Métamorphoses*, édition de Jean-Pierre Néraudau, Folio, 1992.

Arletty dans « Le jour se lève» de Marcel Carné, 1939.

ARLETTY

La nudité des actrices à l'écran s'est banalisée dès le début des années 60. Pourtant, quelques jeunes femmes téméraires et émancipées tournèrent les seins nus bien avant cela. Que sont devenues les images de leurs apparitions ? Qui a bien pu faire disparaître l'apparition d'Arletty les seins nus dans son bain ?

Arletty, née Léonie Bathiat, la gouailleuse Garance du film « *Les Enfants du Paradis* », vécut sans entrave une sexualité aussi libre que l'était celle des personnages qu'elle incarnait.

À 19 ans, à la fin de la Première Guerre mondiale, elle quitta sa famille pour emménager avec l'un de ses premiers amants, qu'elle avait rencontré sur la plate-forme d'un autobus. Jacques-Georges Lévy est un riche banquier. Avec lui, la jeune banlieusarde, fille d'un employé des tramways décédé en 1916 et d'une lingère, découvre un autre monde, celui de la haute société, mais surtout le monde de l'art, de la couture, des belles choses… D'ailleurs, elle fréquente ensuite Paul Guillaume, l'un des marchands de tableaux qui firent découvrir Soutine, Picasso ou Modigliani. Il la présente au couturier Paul Poiret aussitôt séduit par sa silhouette longiligne, ses formes androgynes et sa petite poitrine.

Arletty devient mannequin et comédienne au petit théâtre des Capucines, dirigé par l'un des amis de son nouvel amant. Elle chante l'opérette, fait évidemment ses débuts au cinéma tout en restant indifférente aux honneurs, à la gloire et à l'argent, jalouse d'aimer qui elle veut et comme elle le désire. Bien des hommes et quelques femmes – au nombre desquelles Antoinette d'Harcourt, l'épouse du célèbre photographe – se retrouvent dans son lit.

Ses seuls amours véritables sont tragiques. «Ciel», le jeune homme qu'elle aima durant son adolescence, est mort dès les premiers combats de la Première Guerre mondiale et, vingt ans plus tard, l'un de ses derniers grands amours est un officier allemand Hans-Jurgen Soehring, ce qui lui vaut d'être inquiétée à la Libération. À ceux qui lui reprochent cette liaison avec un occupant, elle répondit : « *Mon cœur est français, mais mon cul est international* ». C'est une aventure dramatique. Elle avorte sans doute durant le tournage des « *Enfants du Paradis* ». Elle est arrêtée le 22 octobre 1944 et passe onze nuits au cachot, puis est internée à Drancy. Son amant est lui aussi emprisonné et ils ne se retrouvent qu'à la fin de l'année 1946. Hans-Jurgen commet alors l'irréparable : il la demande en mariage. Sans doute le seul cadeau que la comédienne avait toujours refusé…

Arletty incarne la liberté et la sensualité. Ses airs canailles lorsqu'elle interprète Raymonde la prostituée héroïne du film « *L'Hôtel du Nord* » ou « *Loulou, l'enjôleuse de Fric-Frac* » ne réussissent pas à faire oublier sa beauté unique.

Les peintres ne s'y trompent pas. Kees van Dongen réalise son portrait, le jeune Kisling la fait poser dans son atelier de la rue Joseph-Bara pour le « grand nu allongé » intensément voluptueux. Arletty raconta :

« Parce qu'il m'avait vue pour ainsi dire nue, sortant d'une baignoire, dans une opérette, il n'avait pas eu à prendre de gants avec moi. C'était une joie de poser pour lui et on parlait de tout »[1].

Car la liberté d'Arletty se manifeste également par son indifférence à l'idée d'apparaître nue. Dès ses débuts, elle incarne dans le film « *Un chien qui rapporte* », de Jean Choux en 1930, une jeune fêtarde qui attire ses amants fortunés grâce à un petit chien dressé à cet effet. L'actrice pétillante de gaieté et de liberté dévoile fugacement un joli sein nu, sans que cela semble lui poser de problèmes de pudeur.

Pourtant, il est visiblement trop tôt pour qu'elle puisse exhiber sa nudité sur les écrans en toute liberté. En 1939, elle tourne « *Le jour se lève* », un film de Marcel Carné dont elle partage la vedette avec Jean Gabin et Jules Berry. Durant quelques secondes, elle apparaît dans l'entrebâillement d'un rideau ouvrant sur une salle de bain rudimentaire. Elle est nue, debout dans un tub, sa jambe droite et une grosse éponge dissimulent son pubis, ses petits seins et son sourire éclatant semblant défier le spectateur… Et la censure.

Ce plan pourtant bien anodin fut supprimé de toutes les copies du film. Durant plusieurs décennies, on ne connut de ce moment qu'une photo prise par un photographe de plateau. Il fallut attendre 2014, après de longues recherches dans les cinémathèques du monde entier, pour qu'une réédition en DVD permette de voir à nouveau ces quelques images réinsérées dans le film.

Les petits seins d'Arletty, nus, 75 ans trop tôt.

---

1. ARLETTY, *La Défense, autoportrait*, Ramsay, 2007.

Bal des Quat'zarts. Comité dans la Cour d'Honneur de l'École des Beaux-Arts, juin 1934 (© Association 4'Z'Arts).

LE BAL DES QUAT'Z'ARTS

Qui sont ces jeunes gens débraillés, ces filles dépoitraillées, qui traversent Paris sur des chars de carnaval et quelle conséquence leurs folies eurent-elles pour l'Histoire du spectacle libertin ?

Brassaï a raconté et photographié ces fêtes carnavalesques et paillardes des années 30. Les étudiants déguisés en Romains d'opérettes se promenaient au bras de jeunes filles aux seins nus barbouillés de peinture. Les Beaux-arts et leurs modèles nus peuplaient l'imaginaire égrillard du bourgeois... Le journaliste et critique d'art André Warnod était du cortège. Dans son ouvrage « *Les bals de Paris* »[1], il raconte que *« les déguisés prenaient d'assaut les fiacres, chaque voiture était chargée de guerriers, de courtisanes, de barbares en loques, sales, portant sur leurs traits la fatigue de la folle nuit, les chevaux avaient de singuliers cavaliers, voire des cavalières nues ou presque ».*

Chaque année, les plus jolies filles de Paris défilaient quasiment nues, ce qui attirait les foules. Un participant de l'époque décrivait le défilé comme une fête *« avec toute (la) licence permise par le dieu de l'orgie Bacchus descendu pour un soir de l'Olympe. C'était une fête intime de trois à quatre mille individus. Pour y accéder, il vous fallait montrer "patte blanche", en l'occurrence être artiste, avoir un carton d'invitation en bonne et due forme et surtout s'être confectionné un costume et des accessoires inattendus, mais ingénieux ».*

---

1. WARNOD, André, *Les bals de Paris*, Grès et Cie, 1932.

Le lendemain matin, « *les frustrés pouvaient toujours attendre, place du Palais-Royal par exemple entre sept et huit heures, pour voir passer une centaine de soldats romains accompagnés d'esclaves féminines de moins en moins vêtues qui investissaient le bassin pour le transformer en thermes antiques* ».

Le bal de l'internat, à la Mi-Carême, était également l'occasion d'apercevoir quelques spectacles affriolants. Plus crus encore. Brassaï raconta le défilé de chars des carabins accompagnant les artistes, « *d'une fantaisie rabelaisienne* ». « *Certains de ces chars étaient chargés de phallus géants autour desquels faunes et satyres s'ébattaient et violaient de ravissantes nymphes. Bien que strictement réservé au milieu médical, ce bal était pourtant accommodant avec les femmes. Ces volontaires, elles n'étaient ni doctoresses ni étudiantes – entre vingt et trente ans – bien décidées à se payer cette nuit-là une sacrée partie de jambes en l'air, venaient parfois de leurs lointaines provinces, rêvant de passer d'une loge d'hôpital à l'autre de minuit à l'aube* ».

Le spectacle excédait évidemment les ligues de vertu. En 1892, quatre modèles, dont Sarah Brown furent jugés pour s'être montrés presque nus dans les rues pendant le défilé du bal des *Quat'z'arts*.

Le poète Raoul Ponchon composa ce diptyque en son honneur… :

« *Ô ! Sarah Brown ! Si l'on t'emprisonne, pauvre ange,*
Le dimanche, j'irai t'apporter des oranges. »

L'expression « t'apporter des oranges » resta. Mais ce ne fut pas la seule conséquence de ces débordements.

Ces démonstrations de liberté et de gaieté sont à l'origine de la naissance du strip-tease. L'idée de ce spectacle était venue à Maxime Lisbonne (ancien combattant de la

Commune de Paris, journaliste, organisateur de spectacles...) à la suite d'un célèbre incident s'étant déroulé sur la place Blanche le 9 février 1893. Cette nuit-là, à la fin du Bal des Quat'z'arts, deux des filles accompagnant les étudiants, deux modèles nus, passablement éméchés, commencent à se disputer sur la beauté de leurs jambes, se proposant de demander l'avis du public en montant sur des chaises. Elles exhibent leurs mollets, ce qui ne suffit pas à les départager, puis leurs genoux, leurs cuisses. C'est alors qu'une troisième luronne reçoit les acclamations du public : elle grimpe nue sur une table... L'affaire était entendue.

Le sénateur Béranger, président de la Ligue contre la licence des rues, s'empara de l'affaire, ce qui lui valut le pseudonyme de « Père la pudeur ». L'impudente fut jugée et condamnée bien légèrement. Mais l'idée avait fait son chemin dans l'esprit de l'imaginatif Lisbonne, le spectacle d'une femme se déshabillant pouvait attirer le public.

Quelques semaines plus tard, le 13 mars 1894, la salle du « *Divan japonais* » présente une pantomime intitulée « *Le coucher d'Yvette* », interprétée par l'artiste lyrique Blanche Cavelli. Elle mime interminablement la gestuelle d'une femme qui se déshabille, ôtant corsage et corset, chemise du dessus et chemise du dessous, bas et jarretières, pour finir vêtue d'une sorte d'ample nuisette qui ne laisse quasiment rien deviner de ses formes. C'est alors qu'elle souffle sa bougie et que la lumière s'éteint.

Tout cela reste assez chaste, mais le mouvement était lancé.

Bientôt des dizaines de salles allaient ouvrir à Paris, présentant des spectacles de plus en plus osés et les petits seins nus des strip-teaseuses.

Joséphine Baker dansant avec sa ceinture de bananes, 1926

JOSÉPHINE BAKER

En se dénudant devant des publics européens, incarna-t-elle la « bonne sauvage » qui répondait aux fantasmes colonialistes des hommes blancs ou son sein dénudé fut-il le premier signe de la visibilité des femmes noires et de leur émancipation ?

Le 2 octobre 1925, le théâtre des Champs-Élysées accueille la « *Revue Nègre* », un spectacle jusqu'alors inédit à Paris, présenté par une troupe de musiciens de jazz, de chanteurs et de danseurs noirs venus d'Amérique. Le spectacle s'achève par l'apparition de Joséphine Baker, âgée de 19 ans, qui se lance dans un charleston endiablé. Elle grimace, gesticule, roule des yeux, agite dans tous les sens ses bras et ses jambes qui paraissent démesurés. Mais surtout elle est quasiment nue. Elle ne porte en guise de vêtement qu'une ceinture de plumes et ses deux petits seins bruns s'agitent frénétiquement au rythme de la danse endiablée.

Le succès est immédiat, foudroyant, et le spectacle se prolonge aux Folies Bergères, où Joséphine troque ses plumes pour une ceinture de bananes en mousse. Scandale !

Le 16 novembre 1925, l'académicien Robert de Flers écrit qu'« *à l'instant même où* [Joséphine Baker] *paraît, elle contraint ses genoux aux carnosités les plus affreuses, ses yeux à la loucherie la plus hideuse, son corps à une dislocation qui n'aboutit à aucun tour de force, tandis qu'elle gonfle ses joues à la mode des guenons qui cachent des noisettes* ». Des guenons ! Car plus que la nudité, c'est bien la couleur de peau de Joséphine qui est cause de scandale.

L'image renvoyée par Joséphine Baker à son public est bien faite pour le choquer, lui jetant au visage une représentation de la femme sauvage. Joséphine s'approprie toute la panoplie des images fantasmatiques – et racistes – des noires vues par les Européens. Elle porte une ceinture de bananes, des bracelets aux chevilles et surtout elle a les seins nus, comme ces femmes africaines dont l'image est complaisamment diffusée par les photos des magazines exaltant l'aventure coloniale française. Elle incarne sur la scène des music-halls parisiens ce parfum d'exotisme mêlé d'érotisme, à l'origine de bien des vocations masculines pour les voyages vers la lointaine Afrique.

Le spectacle s'exporte : elle danse toujours aussi nue devant le roi Albert Ier de Belgique, en Allemagne où cette apparition dénudée divise le public en deux camps, les partisans du naturisme qui en font leur porte-étendard, tandis que les *chemises brunes* nazies la traitent d'*untermensch* – sous-humain – dans leurs tracts. Joséphine Baker s'installe en France, devient l'amie du Tout-Paris et la maîtresse de Georges Simenon et profite de cette liberté, inconnue aux USA pour une femme noire, de marcher au bras d'un homme blanc sans susciter de scandale. Sa nudité attire les artistes : Paul Colin la peint, la photographe Madame d'Ora l'immortalise. Au cinéma, toujours aussi peu vêtue, elle incarne Zouzou ou la Princesse TamTam.

En octobre 1925, la revue *Comedia* publiait un article d'André Levinson qui décrivait la nudité de Joséphine. « *Certaines poses de Miss Baker, les reins incurvés, la croupe saillante, les bras entrelacés et élevés en un simulacre phallique, évoquent tous les prestiges de la haute stature nègre. Le sens plastique d'une race de sculpteurs et les fureurs de l'Éros africain nous étreignent. Ce n'est plus la dancing-girl cocasse, c'est la Vénus noire qui hanta Baudelaire.* » Une Vénus noire qui s'imposa, par sa nudité et son extravagance, avant d'imposer elle-même un souffle de liberté, qui la conduisit dans la Résistance, puis à la Marche des Libertés à Washington et jusqu'au château des Milandes où elle tenta de créer un monde idéal avec une quinzaine d'enfants adoptés.

Cela méritait bien d'être nue.

Et d'ailleurs, bien plus tard, elle déclara : « *Je n'étais pas vraiment nue ; simplement, je ne portais pas de vêtements* ». Pourtant le dessin animé « *Les Triplettes de Belleville* » fut interdit à sa sortie au moins de 12 ans en Grande-Bretagne à cause de la vision fugace des nichons agités de Joséphine.

Buste de Marianne, modèle Brigitte Bardot, réalisé par Aslan, 1970

BRIGITTE BARDOT

Par quel étrange caprice de l'Histoire la poitrine d'une comédienne, scandaleuse aux yeux des bien-pensants, finit-elle par se retrouver exposée dans les mairies de France ?

La poitrine de Brigitte Bardot a bouleversé le monde. À l'aube des années 60, la jeune comédienne incarne une forme de liberté sexuelle encore bien peu présentée à l'écran. Les spectateurs sont persuadés de l'avoir quasiment vue les seins nus dans tous ses films, alors que jusqu'à l'apothéose de chair dénudée que représenta l'un de ses derniers rôles dans « *Don Juan 73* », ses apparitions sembleraient bien chastes aujourd'hui. Elle découvre brièvement sa poitrine dans « *Les bijoutiers du clair de lune* », puis la laisse à peine entrevoir dans quelques films, à moins qu'elle n'en parle comme dans la célèbre scène du film de Jean-Luc Godard « *Le Mépris* » où, allongée nue sur le ventre, elle interroge Michel Piccoli :

— *Tu vois mes pieds dans la glace ?*
— *Oui.*
— *Tu les trouves jolis ?*
— *Oui... Très.*
— *Et mes chevilles... Tu les aimes ?*
— *Oui...*
— *Tu les aimes, mes genoux, aussi ?*
— *Oui... J'aime beaucoup tes genoux.*

— *Et mes cuisses ?*
— *Aussi.*
— *Tu les trouves jolies, mes fesses ?*
— *Oui... Très.*
— *Et mes seins, tu les aimes ?*
— *Oui, énormément.*

Cela suffit à déchaîner les passions. En 1962, lors du tournage en Suisse du film de Louis Malle « *Vie privée* », largement inspiré de son statut de star scandaleuse, elle est copieusement insultée. Dans ses mémoires « *Initiales BB* », elle affirme qu'on est allé jusqu'à dire d'elle qu'elle est « *la putain en France. Qu'elle aille chez elle faire ses saloperies. La paix en Suisse. Qu'elle crève. Des ordures pour les ordures. Qu'on rouvre les maisons closes pour la mettre dedans avec une caméra* ».

C'est principalement dans la presse de charme qu'elle s'expose nue. Le mensuel *Lui* publie plusieurs numéros avec BB en couverture et des photos dénudées en pages intérieures. En 1969, le magazine intitule la série de photos qui la présente nue allongée dans un hamac « En corps et toujours ! » L'apothéose reste un numéro de *Playboy* de 1975 où elle apparaît, quasiment pour la dernière fois, nue et bronzée dans sa propriété de la Madrague.

Les hommes évidemment ne sont pas insensibles à la beauté plastique de cette poitrine désormais légendaire. À l'automne de sa carrière, Jean-Paul Belmondo avoua sa fascination pour l'actrice en se vantant un peu au passage. « *Seule Brigitte Bardot a échappé, malgré de très convaincants et torrides essais ensemble* [pour le film « *La Vérité* »] *à mon pouvoir de séduction* ». Il précisa bien plus tard lors d'une interview à Thierry Ardisson :

« Je faisais un essai avec Bardot : je lui pelotais les seins. Une fois, deux fois, trois fois, quatre fois… Ben ça n'a pas marché. »

La poitrine de Bardot fait l'objet d'une forme d'attirance universelle ; elle incarne à l'étranger le charme canaille, désinvolte, profondément moderne de la France, à l'opposé de l'image qu'en donne par ailleurs le Général de Gaulle. Pourtant celui-ci n'était pas insensible aux charmes de l'actrice. Lors d'une *garden-party* à l'Élysée le 14 juillet, Brigitte Bardot fait une apparition remarquée en veste à brandebourgs. Le Général, la saluant, lui dit : « *Quelle chance, Madame ! Je suis en civil et vous êtes en uniforme !* »

Il fallut pourtant attendre le décès du monarque ombrageux pour que la France rende hommage à la poitrine de BB en lui conférant l'honneur d'incarner la République.

En 1970, elle pose pour un buste de Marianne sculpté par Aslan, le célèbre dessinateur des filles du magazine *Lui*. Bardot est la première personnalité célèbre ayant cet honneur.

Ses seins largement dénudés décorèrent bientôt les salles des mariages des mairies avant-gardistes.

Rembrandt : « Bethsabée au bain tenant la lettre de David », 1654.

BETHSABÉE

Qui est donc cette jeune femme nue se baignant en toute innocence alors qu'un homme, tapi dans l'ombre, observe sa poitrine avec insistance ? Et que serait l'iconographie érotique, comment feraient les peintres pour représenter des femmes aux seins nus, sans le prétexte mythologique, biblique ou historique donné par le récit des mésaventures d'une jeune femme « surprise au bain » ?

Bethsabée est pour cela l'héroïne idéale. La Bible, dans le deuxième livre de Samuel, raconte en quelques lignes la manière assez cavalière qu'employa le roi David pour la « séduire ». « *Un soir, David se leva de son lit et alla se promener sur le toit en terrasse de la maison du roi. De là il aperçut une femme qui se baignait. Elle était très belle. David envoya prendre des informations sur cette femme. On lui dit : "C'est Bethsabée, fille d'Eliam, femme d'Urie, le Hittite". David envoya des messagers la chercher. Elle se rendit auprès de lui et il coucha avec elle alors qu'elle se consacrait pour se purifier de son impureté ; puis elle rentra chez elle* ».

Rien de plus simple : aussitôt vue, aussitôt séduite. Le roi David se comporte comme un Don Juan sans vergogne. Il voit une fille nue, il apprend qu'elle est mariée, il la fait amener dans son lit, il fait l'amour avec elle « alors qu'elle se purifiait » et puis il l'éconduit après satisfaction de ses désirs impérieux.

L'histoire serait déjà un peu choquante, impliquant

l'un des grands personnages du livre saint, mais il y a pire. Bethsabée est mariée à l'un de ses généraux les plus valeureux, Urie, en mission aux frontières du Royaume pour combattre les Ammonites et assiéger la ville de Rabba. David apprend par Bethsabée qu'elle est tombée enceinte à la suite de leur rencontre et que ça risque de se voir, leur faisant courir le risque d'être condamnés à mort pour adultère. Le roi rappelle Urie en espérant qu'il couche, ne serait-ce qu'une fois, avec sa femme pour donner le change. Le général refuse de céder aux plaisirs de la chair – même avec sa délicieuse épouse – alors que ses hommes sont au combat. David tente de le faire boire, mais rien n'y fait. Le roi, sans le moindre remords, pousse alors Joab, le commandant de ses armées, à lancer une offensive durant laquelle Urie risquera de mourir. Ce qui arriva…

Cette bonne chose faite, restait à s'occuper de l'enfant à naître. David épouse Bethsabée, mais Dieu ne lui a pardonné ni l'adultère imposé à la jeune femme ni l'assassinat de son ex-mari par action guerrière interposée. L'enfant meurt, ce n'est pas lui qui succédera au roi David, pas plus que ses frères qui s'entretuent pour le trône, mais un autre enfant qu'il aura avec Bethsabée : le futur roi Salomon.

Ce n'est pas le récit le plus édifiant de la Bible. Le roi David s'est comporté comme un rustre. La pauvre Bethsabée apparaît d'abord comme une victime de sa lubricité, même si on s'interroge sur la nature de la complaisance avec laquelle elle reçoit les propositions du roi.

Cette histoire inspira très souvent les peintres qui choisirent presque exclusivement d'en représenter le premier épisode. Bethsabée est au bain, les seins nus et elle vient de recevoir une lettre du roi David, ce qui la laisse bien songeuse. D'autant qu'elle a sans doute deviné qu'un homme l'observe dans le lointain.

L'une des plus anciennes représentations de la scène est en soi un document. Le peintre Hans Memling, décédé à Bruges en 1494, présente Bethsabée quittant précipitamment son bain pour répondre à l'appel de David. Une servante l'enveloppe dans un drap blanc. Le décor représente sans doute une étuve comme il y en avait encore dans les villes à la fin du Moyen-Âge.

Par la suite, la scène fut régulièrement traitée par des peintres maniéristes ou baroques, Hans von Aachen, Cornelitz, Louis Dorigny et Pietro Liberi. Ils installent Bethsabée dans un décor exotique, l'entourent de servantes parfois de couleur, ce qui leur permet de multiplier les nudités.

L'un des chefs-d'œuvre de Rembrandt, l'un de ses plus beaux nus, exposé au Musée du Louvre, représente Bethsabée, nue, assise, apparemment surprise et perplexe tenant encore en main la lettre de David. Un voile recouvre son sexe, tandis qu'une servante semble lui laver les pieds. Bethsabée a l'opulence d'Ehndrickje Stoffers, qui fut la compagne du peintre après le décès de son épouse Saskia.

La version du peintre hollandais Govert Flinck, né en 1615, est plus intrigante. Bethsabée, toujours les seins nus, a le bas du corps recouvert d'une couverture rouge. Elle tient la lettre du roi David en main. Mais il n'y plus le moindre doute, la proposition du roi a fait son chemin, elle est rêveuse.

Mais est-elle décidée à répondre à cette proposition indécente ? Une ébauche de sourire laisse déjà entendre que oui.

Le cinéma fut moins inspiré par cette aventure particulière. En 1951, le producteur Darryl Zanuck confie à Henri King la réalisation d'un péplum consacré à David et Bethsabée. Gregory Peck, contre toute vraisemblance, incarnait le roi tandis que Susan Hayward campait une Bethsabée assez chaste, entourée de deux matrones : elle se baigne derrière un paravent en velours, assez peu raccord avec le décor biblique.

BLASON

Le vocabulaire contemporain est pauvre en images aussi précises qu'émouvantes pour décrire la beauté d'une poitrine féminine. Les nibards, les Roberts, les nichons, ces termes grossiers ne leur rendent pas grâce. Les métaphores potagères, tous ces melons, ces cougourdes, ou arboricoles, ces pommes, ces oranges, ne suffisent pas à dire la beauté, la délicatesse d'une poitrine. Faudrait-il alors se souvenir des envolées lyriques du passé ?

Au XVIe siècle, les poètes éprouvent le besoin de décrire les beautés de leurs amies jusque dans les moindres détails, jusqu'aux parties les plus intimes de leur anatomie. Le « blason » est une forme poétique apparue à la Renaissance qui s'inspire de textes médiévaux propres aux chevaliers décrivant leurs armoiries et donc leurs blasons. Clément Marot, le premier, s'en empare pour célébrer précisément la poitrine de son amie. Ce poème fut en grande partie responsable de la réputation de légèreté qu'avait son œuvre auprès de Boileau qui la qualifiait d'« élégant badinage ».

En 1535 donc, Marot écrit « *Le Blason du beau tétin* » :

> *« Tetin refaict, plus blanc qu'un œuf,*
> *Tetin de satin blanc tout neuf,*
> *Tetin qui fait honte à la rose,*
> *Tetin plus beau que nulle chose ;*

> *Tetin dur, non pas Tetin, voyre,*
> *Mais petite boule d'Ivoire,*
> *Au milieu duquel est assise*
> *Une fraize ou une cerise... »*

Il s'agit sans doute des appas de sa maîtresse Anne, celle dont il écrivait :

> « *Le clair soleil par sa présence efface*
> *Et fait fuir les ténébreuses nuits.*
> *Ainsi pour moi,*
> *Anne, devant ta face*
> *S'en vont fuyant mes langoureux ennuis.* »

La beauté parfaite de cette jeune femme ne lui fit pas oublier que d'autres femmes, d'autres poitrines n'avaient pas les mêmes attraits. Il écrit donc un contre blason dénonçant les multiples aspects peu agréables que peut prendre le « laid tétin ».

> « *Tetin, qui n'as rien, que la peau,*
> *Tetin flac, tetin de drapeau,*
> *Grande Tetine, longue Tetasse,*
> *Tetin, doy-je dire bezasse ?*
> *Tetin au grand vilain bout noir,*
> *Comme celuy d'un entonnoir,*
> *Tetin, qui brimballe à tous coups*
> *Sans estre esbranlé, ne secoux,*
> *Bien se peult vanter, qui te taste* ».

En 1536, Maurice Sceve décrivit à son tour la beauté des formes de sa maîtresse, avec un blason intitulé « *La Gorge* ».

> « L'haut plasmateur de ce corps admirable,
> L'ayant formé en membres variable
> Mit la beauté en lieu plus éminent,
> Mais pour non clore icelle incontinent,
> Ou finir toute en si petite espace,
> Continua la beauté de la face
> Par une gorge ivoirine et très blanche,
> Ronde et unie, en forme d'une branche. »

À ces deux exemples, on comprendra que la peau de la poitrine idéale doit être très blanche, pour que la rougeur de l'aréole et le téton s'y détachent comme une cerise mûre.

Quant à Pierre de Cornu, il se décida à chanter les louanges de la poitrine de son amie Laurini d'Avignon en écrivant :

> « Mon Dieu, le beau téton, mon tout, ma doucelette,
>   Que je voy aparoir par dessous ton collet !
> Il soupire toujours, las ! Qu'il est rondelet,
> Et garni par dessus d'une peau blanchelette !
> Laisse le moi toucher, ma petite garcette,
> Laisse moy lui donner un baiser doucelet. »

Pierre de Ronsard lui-même confia le trouble qu'il ressentit en découvrant le sein de l'une de ses maîtresses :

> « Plût-il à Dieu n'avoir jamais tâté
> Si follement le tétin de m'amie !
> Sans lui vraiment l'autre plus grande envie,
> Hélas ! Ne m'eût, ne m'eût jamais tenté. »

D'autres poètes se firent plus indiscrets. On ne compte plus les «blasons du con», décrivant sans vergogne les replis, la couleur, voire le parfum du sexe féminin d'une maîtresse.

Mais ceci est une autre histoire.

BODY PAINTING ET BOOB'ART

Mais pourquoi les poitrines devraient-elles se contenter d'être le sujet d'œuvres d'art, alors qu'elles pourraient en être l'instrument ?

Les seins, en chair et en chair, peuvent devenir eux-mêmes des objets d'art. Il suffit pour cela de les peindre ou d'en faire l'élément d'une composition. La peinture sur le corps nu des filles figure au nombre des exercices imposés naguère à la clientèle des clubs de vacances, en tout cas si on en croit le film « *Les Bronzés* ».

La naissance du *body-painting* intervient au milieu des années 70, avec les travaux du peintre russe Serge Diakonoff, qui réalise de nombreuses toiles sur le corps de modèles nus. L'une des formes du *bodypainting* consiste à « *utiliser seulement une partie du corps déterminée en fonction de sa forme, de son volume et de l'idée créatrice. Dans ce cas,* affirme l'écrivain Martin Monestier[1], *les seins sont utilisés dans plus de 90 % des cas. Ces globes deviennent ainsi d'étonnantes têtes de félins, le téton jouant généralement le rôle de truffe. Ils peuvent aussi se transformer en sac à main bombé à craquer, avec différents objets dépassant de leur ouverture, mais aussi en jabot d'oiseau, en blessure boursouflée, etc.* »

---

1. MONESTIER, Martin, *Les seins. Encyclopédie historique et bizarre des gorges, mamelles, poitrines, pis et autres tétons, des origines à nos jours*, Cherche Midi éditeur, 2001.

Le summum de cet art fut sans doute l'apparition de l'actrice Demi Moore en couverture du magazine *Vanity Fair*, les seins nus, sur lesquels étaient peints un smoking, son gilet, sa cravate et sa chemise, avec pour légende « Demi's birthday suit ».

À l'opposé de cette pratique, le *Boob'art* ne consiste plus à peindre les seins, mais à peindre en se servant d'eux comme pinceaux. Marcey Hawk, une jeune Californienne, pourvue d'un vertigineux tour de poitrine, produit des œuvres proches, dans leur aspect, des toiles de Jacksons Pollock en trempant ses seins dans la peinture et en l'appliquant sur la toile. Elle joue particulièrement de l'empreinte de ses tétons.

Ces travaux sont évidemment à rapprocher des performances organisées par le peintre Yves Klein qui, en 1960, commença à réaliser ses *« Anthropométries de l'époque bleue »*. En mars de cette année, à Paris, il créa en direct une grande toile dans le cadre de la Galerie Internationale d'Art contemporain du Comte d'Arquiau. Cinq jeunes modèles nues furent recouvertes de peinture, le célèbre bleu de Klein, avant d'appuyer leur corps sur la toile tendue à la verticale, y laissant, entre autres, une magnifique empreinte de leurs seins.

D'autres artistes se servent de leur poitrine comme composante de performance, telle que l'imagina l'artiste Jean-Jacques Lebel, importateur en France de cette pratique artistique née aux États-Unis au temps du *Flower Power*.

« *Une des premières performances artistiques d'Annie Sprinkle*, raconte le journaliste Christophe Bourseiller[1], *se nomme Bosom Ballet (Ballet de gorge). Pour les besoins de la curieuse chorégraphie mammaire, elle fait longuement tournoyer ses seins au bout desquels pendouillent des fanfreluches. Durant Breast Ying Yang (Poitrine yin yang), elle peint le symbole du tao sur son buste dénudé. À travers la performance, Annie Sprinkle revit les pires expériences qu'elle a vécues naguère en tant qu'actrice "hard", comme dans One Hundred Pipes (Cent pipes).* »

La performance la plus simple, somme toute, consiste pour une artiste à se dénuder en lieu et place des œuvres d'art. C'est ainsi que l'on découvrit le 30 octobre 1977, au Grand Palais, la plasticienne Orlan attendant le public à côté d'une photo d'elle grandeur nature, les seins nus. Les visiteurs sont invités à déposer une pièce de 5 francs dans un tiroir qui leur donne droit au « baiser de l'artiste ». Ce n'était pas la première fois que l'artiste montrait ses seins : elle avait déjà posé pour un « strip-tease occasionnel » ou incarné une Vierge en extase dévoilant un sein jaillissant de son costume de nonne. L'École des Beaux-arts de Lyon, où elle enseigne alors, la licencie sans préavis. Une grève d'étudiants ne réussit pas à faire changer d'avis la direction.

Les vieux messieurs des Beaux-arts, qui faisaient travailler toute l'année des modèles nus dans leurs ateliers, ne pouvaient apparemment pas accepter qu'une enseignante montre ses seins à son tour.

---

1. BOURSEILLER, Christophe, *Les Forcenés du désir*, Denoël, 2000.

Bartolomeo Veneto : « Portait de femme "en Flora" », 1520.

LUCRÈCE BORGIA

Mais pourquoi fallait-il cacher l'identité de ce mystérieux modèle au sein nu ? Et quel mal y avait-il à la voir ainsi dénudée ?

Longtemps, le peintre Bartolomeo Veneto se cantonna à la création de belles images pieuses qu'il vendait à de généreux mécènes, dont il lui arrivait parfois de réaliser également les portraits. Ses modèles ne nous sont pas toujours connus, un gentilhomme à la barbe, un jeune homme, la dame en vert, une jeune femme… Pourtant l'un de ses portraits, réalisé en 1520, est entré dans l'Histoire : il s'intitule « *Portrait de femme "en Flora"* », mais il est communément admis qu'il représente Lucrèce Borgia.

La jeune femme, vêtue de blanc, porte un voile décoré de feuillage et une sorte de voilette dorée. Elle tient un petit bouquet de fleurs à la main droite, une étrange croix autour du cou… Son sein gauche, menu à l'aréole sombre, est nu.

Rien dans l'histoire de la jeune femme ne pourrait justifier cette tenue. Sinon sa propension à se marier, ce qui implique des déshabillages successifs…

Lucrèce est la fille du cardinal Rodrigo Borgia, futur pape Alexandre VI et d'une belle Romaine, Vannozza Cattane. Le couple illégitime a eu deux enfants. Son frère, César Borgia, sera l'un des grands hommes de la

Renaissance italienne. Lucrèce est élevée d'abord par Vannozza Cattane, entourée de ses nombreux demi-frères et des amants et maris successifs de sa mère. Elle s'installe bientôt dans le palais Cardinalice de son père en compagnie de la nouvelle maîtresse de celui-ci, Giulia Farnèse. Elle baigne dans une atmosphère d'intrigues politiques, mêlant libertinage et âpreté au gain.

Pour la famille Borgia, Lucrèce est un trésor et une monnaie d'échange. Elle fut régulièrement l'instrument choisi par les mâles de sa famille pour assouvir leur désir de pouvoir et de richesse. On la mariera en fonction des objectifs politiques de la famille.

Lucrèce Borgia se marie en 1493 avec Giovanni Sforza. Le Pape décide de faire rompre le mariage de sa fille qui dérange ses nouvelles alliances politiques. Pour cela, il instruit un procès pour « non-consommation », ce qui est vraisemblablement faux. Très vexé, le mari déchu commence à faire courir des rumeurs malveillantes accusant son ex-épouse d'avoir eu des rapports incestueux avec son frère et son père, le Pape. Cela rajoute au mépris que Lucrèce avait pour ce mari trop âgé et ennuyeux qui l'avait condamnée à vivre à Pesaro, loin des fastes romains.

En 1498, elle épouse Alphonse d'Aragon avec qui, semble-t-il, elle aurait connu le bonheur parfait, jusqu'à son assassinat en 1500 par des hommes de main de son propre frère, César Borgia. Elle épouse enfin en troisièmes noces le duc de Ferrare malgré l'opposition du père de son époux, le duc Hercule Ier, qui la considérait comme une bâtarde et une dépravée.

Lucrèce mourut de septicémie à l'âge de 39 ans à la suite d'un accouchement.

La légende scandaleuse de Lucrèce Borgia, entretenue par ce portrait dénudé peint par Bartolomeo Veneto, a été le prétexte à l'exhibition de la nudité de ses interprètes. En 1935, Edwige Feuillère apparaît se baignant nue dans le film d'Abel Gance s'inspirant des aventures prêtées à Lucrèce. La petite histoire du cinéma affirme que cette exhibition, alors très rare au cinéma français, était due à la faible profondeur du bassin, réduite pour cause de budget limité, ce dont on est en droit de douter.

Vingt ans plus tard, Martine Carol s'expose largement à la caméra de son mari Christian-Jacque. Elle se déshabille pour prendre son bain, portant un drap très humide qui dévoile la forme de ses seins.

Depuis, une série télévisée consacrée aux Borgia a permis aux téléspectateurs de découvrir à maintes reprises la poitrine de la comédienne Isolda Dychauk.

Mais aucune n'eut la grâce énigmatique de l'étrange portrait de Bartolomeo Veneto. Ce sein nu reste bien mystérieux, à moins de se souvenir qu'il s'agit d'une convention. Lucrèce est représentée «en Flora», à l'image de Flore... La déesse romaine Flore préside à l'éclosion des fleurs. Elle connut sous les traits de la nymphe Chloris, une aventure avec le dieu Zéphire qui se comporta un peu cavalièrement avec elle. Ovide raconta la scène : « *C'était au printemps; j'errais au hasard; Zéphire m'aperçoit; je m'éloigne, il me suit; j'essaie en vain de fuir, je ne puis lutter contre lui.* »[1]

Les peintres de la Renaissance, nourris de culture latine, la représentent régulièrement sur leurs toiles.

---

1. Ovide, *Fastes V : Mai,* traduction de M. Nisard, 1857.

Botticelli et le Titien se saisirent du prétexte de cette aventure libertine avec Zéphire pour représenter la nymphe à demi nue. Le Titien profita de ce prétexte pour dévoiler les charmes de sa maîtresse Laura del Dianti... D'autant qu'une autre Flora, bien réelle, apparaît dans l'Histoire romaine, une courtisane qui fit don de sa fortune au peuple de Rome. Les notables, bien embarrassés par ce don, firent mine de croire qu'on le devait à la déesse Flore en personne. Il y a donc sans doute un message subliminal dans ce portrait de Lucrèce au sein nu, qui l'assimile tout à la fois à une fille forcée par un amant trop pressé, à une courtisane et pour finir à une bienfaitrice de la cité. Ce qui apparaît comme un résumé de ce que ses contemporains devaient penser d'elle.

Flore au sein nu...

Pauline Borghèse par Antonino Canova, 1808

PAULINE BORGHÈSE

Quelle est donc la statue scandaleuse qui bouleversa la bonne société italienne au début du XIXe siècle et qui était la jeune femme qui s'exposait ainsi ?

C'est elle, Pauline Borghèse, née Bonaparte, sœur de l'empereur des Français! Elle est allongée nue face aux Romains abasourdis. Certes, il ne s'agit que d'une statue, mais quel spectacle ! La Princesse, les seins nus, le buste intégralement dévêtu, le pubis et les jambes à peine recouverts d'un voile, est allongée sur un sofa et tourne vers les spectateurs un visage impassible. Il suffit de contourner la statue pour contempler ses fesses, fermes et d'un arrondi parfait.

En 1803, Pauline a 23 ans lorsqu'elle épouse en secondes noces le prince Camille Borghèse, avec qui elle emménage à Rome dans le somptueux Palais Borghèse. Elle s'ennuie bien vite à ses côtés et se distrait en collectionnant les amants. L'un d'entre eux, aussi anonyme, grossier qu'indiscret, nous a laissé cet étonnant témoignage : «*Pauline joua de tous ses charmes que rehaussait encore le clair-obscur pour mettre mon sang en ébullition… Et bientôt, les coussins de velours furent témoins des effusions indicibles par lesquelles nous apaisâmes nos mutuelles ardeurs; ce que faisait Pauline révéla une initiatrice expérimentée, car elle en savait plus long que moi.*»

Mais cela ne suffit plus à l'amuser.

Consciente de sa beauté et de la fugacité de celle-ci, elle décide de faire réaliser son portrait grandeur nature par le sculpteur Antonio Canova, l'un des grands artistes de son temps et de s'exposer nue.

Le sculpteur songe d'abord à la représenter en Diane, déesse de la chasse, comme l'ont été avant elle d'autres grandes dames des temps jadis. Mais Pauline ne ressent de sympathie que pour une seule des divinités de l'Olympe, celle à qui elle s'identifie, la plus belle, Vénus, Vénus la victorieuse.

Les séances de pose se déroulent durant toute l'année 1804. Le sculpteur présente un premier modèle en plâtre de ce que sera la future sculpture, provoquant la stupéfaction indignée des premiers spectateurs, car la princesse est nue.

À ses amis qui s'étonnaient qu'elle eût pu se dénuder devant le sculpteur, elle répondait d'abord par un argument lié au prestige de l'artiste. «*Tout voile peut choir devant Canova*», avant d'aborder des considérations pratiques, «*Oh, il y avait du feu*». La vérité oblige à dire qu'elle se fichait des critiques comme d'une guigne.

La statue fut exposée à Turin avant de réintégrer le Palais Borghèse, enthousiasmant les visiteurs étonnés par tant de beauté et d'impertinence.

En 1874, le poète Théodore de Banville nous raconta en quelques vers ce qu'il croyait savoir de l'événement :

> « *Le précieux joyau de la famille corse,*
> *La princesse Borghèse est nue et le sculpteur*
> *Voit jaillir devant lui, comme un lys enchanteur*
> *Ce jeune corps, brillant de jeunesse et de force.*
> *Les seins en fleur, les plans harmonieux du torse*
> *Le ravissent et la lumière avec lenteur*
> *Vient baigner d'un rayon subtil et créateur*
> *Les pieds charmants, posés sur un tapis d'écorce.* »

Les « seins en fleur » de la princesse perdirent malheureusement de leur hautaine prestance au fil du temps et la princesse, vieillissante, malade, en vint à détester la statue représentant une beauté perdue, tant elle soupçonnait les visiteurs de ne la regarder que pour faire des comparaisons blessantes. L'Empire s'est effondré, son frère est emprisonné dans une île lointaine... « *Ils viennent ensuite juger des ravages que la douleur fait sur moi... Ce n'est pas assez de donner à Sainte-Hélène le poison de souffrance à mon pauvre frère ; il faut aussi que j'en présente ici l'effet* ».

Au cinéma, la réalisation de cette célèbre statue est le prétexte du film « Vénus impériale », de Jean Delannoy en 1962. Le rôle de Pauline était tenu par Gina Lollobrigida, que l'on voyait poser nue, mais malheureusement de dos.

Pauline Borghèse meurt en 1825. Sa statue rappellera à jamais que, comme l'affirmait le diplomate Klemens Wenzel von Metternich, « *Pauline était aussi belle qu'il était possible de l'être* ».

Louise Brooks par John De Mirjian, fin des années 1910.

LOUISE BROOKS

La malveillance de maîtres-chanteurs, tentant de vendre au prix fort à des actrices la promesse de ne pas publier des photos d'elles nues, ne date pas d'hier. Quelle fut la première star à qui on essaya de faire payer de vieux clichés d'elle les seins dénudés ?

Louise Brooks est née en 1906 à Rochester. Au début des années 20, Hollywood l'adore. Elle y incarne la « *it girl* », la fille à la page et enchaîne les succès au cinéma après avoir été danseuse dans la troupe de Ruth Saint-Denis qui comptait parmi ses membres Martha Graham, future papesse de la danse contemporaine. L'héroïne du film « *Loulou* », de « *Prix de beauté* », de « *Hollywood Boulevard* » impose sa silhouette d'une grande modernité et sa célèbre coupe de cheveux, un carré parfait, mille fois imité. À la ville comme à l'écran, Louise Brooks est une femme libre de sa vie et de son corps.

Seulement voilà, à ses débuts, Louise posa nue pour des photographes ou des peintres. L'une des plus belles images érotiques de cette période la représente dénudée face à l'objectif, entourée d'un voile de mariée. Elle a des allures de Madone. Ses petits seins insolents et son pubis triangulaire, très sombre sur le blanc de son ventre plat, incarnent un instant précieux de l'Histoire de la beauté féminine.

Le photographe John De Mirjian essaya de commercialiser ses photos quand Louise commença à se faire connaître au cinéma. Elle le fit poursuivre et fit saisir les clichés tout en assurant qu'elle avait trouvé très agréable de poser. Ce que ne confessèrent pas toujours par la suite les comédiennes tentant de récupérer à tout prix de vieilles photos d'elles nues.

Gustave Moreau : « Le Cantique des cantiques » (1853).

LE CANTIQUE DES CANTIQUES

Comment un texte biblique nous permit-il, très indirectement, de voir Marlène Dietrich les seins nus ?

Que peut-on lire dans le « *Cantique des Cantiques* » ?
« *Tes deux seins sont comme deux faons, comme les jumeaux d'une gazelle, qui paissent au milieu des lys.* » Le poème est une ode à l'amour physique, un texte incomparable dont les métaphores ont nourri des siècles de littérature amoureuse. On le récite lors de la Pâque juive en faisant mine de croire qu'il s'agit d'une allégorie et qu'elle traite de l'amour de Dieu.

Ce texte anonyme, figurant dans l'Ancien Testament, a bizarrement été – sinon adapté – transposé au cinéma par le réalisateur Rouben Mamoulian[1] en 1933, également *intitulé « Cantique des Cantiques »*. L'histoire n'a strictement rien de commun avec ce poème biblique. «*Lily, une jeune paysanne, vient de perdre son père; elle est recueillie par sa tante, Madame Rasmussen, libraire à Berlin. Elle y rencontre un jour un sculpteur qui la persuade de venir poser pour elle. Acceptant après avoir hésité, Lily déjouant la surveillance de sa tante se rend chez Richard qui la convainc de se déshabiller pour prendre la pose. Bientôt une très belle sculpture prend forme et les deux jeunes gens entament une idylle.*»

La sculpture en question est l'objet du scandale : elle représente Marlène intégralement nue, même si nous ne faisons que l'entrevoir en chair et en os... La statue ne rend sans doute pas exactement au détail près les formes de l'actrice, qui toute sa vie, si on en croit ses biographes et quelques confidences indiscrètes, se lamenta de la petite taille de ses seins.

Sa fille, Maria Riva, décrivait ainsi la cérémonie entourant le moment où elle se glissait dans son costume de scène[2] : «*Elle se penchait en avant, les seins ballants, détachés du corps, glissant un bras dans l'une des emmanchures, puis l'autre. Ensuite, de la main, elle amenait ses seins tombants et les plaçait dans le soutien-gorge incorporé, coupé dans le biais du tissu, prenant soin d'insérer chaque bout de sein exactement au bon endroit. Une fois que les seins étaient positionnés à sa convenance,*

---

1. MALOUMIAN, Rouben, *Le Cantiques des cantiques*, 1933. Le film est la troisième adaptation du roman *Das Hohe Lied* d'Hermann Sudermann publié en 1908.
2. RIVA, Maria, *Marlene Dietrich par sa fille*, traduit de l'anglais par Anna Gibson, Anouk Neuhoff et Yveline Paume, éditions Flammarion, 1993.

elle mettait ses mains en coupe pour les soutenir, les maintenait en place. »

La déesse avait les seins tombants, mais qu'importe, pour le « *Cantique des Cantiques* », elle avait un corps de marbre et une poitrine sans défaut.

Marlene Dietrich dans « Cantiques des Cantiques » de Rouben Mamoulian, 1933.

Affiche de Jules Chéret pour le Casino de Paris en 1891.

LE CASINO DE PARIS

Les spectacles frivoles du gai Paris présentaient sans vergogne des danseuses à la poitrine dénudée, mais pouvaient-elles sans crainte « aller plus loin » ?

Le Casino de Paris, au 16 rue de Clichy, est l'un des « temples du nu » et il en a toujours été ainsi. Il occupe l'emplacement d'une des folies du duc de Richelieu, connu pour ses frasques sexuelles, celui dont Louis XV disait : *« C'est une vieille connaissance de ma famille, car on l'a trouvé caché sous le lit de ma mère »*.

Il y reçut peut-être le roi accompagné de Madame de Pompadour, leur faisant visiter son parc décoré de statues de faunes et de nymphes. Le duc donnait ici des « soupers adamiques » au cours desquels les convives devaient dîner nus, ce qui ne gênait évidemment personne. Cet énergumène, collectionneur d'aventures galantes, se maria encore à 84 ans. L'anecdote est célèbre et diversement racontée : à un de ses amis lui demandant à propos de son mariage à un âge très avancé et de sa nuit de noces *« Comment allez-vous vous en sortir ? »*, il aurait répondu : *« Ce n'est pas là le plus difficile »*. La Folie Richelieu, qui occupait l'emplacement du futur Casino de Paris, reçut pendant des années des armées de jeunes femmes venues céder au héros de Fontenoy et de la bataille de Fort-Mahon : la Comtesse de Boufflers, la Maréchale de Luxembourg, les pensionnaires de l'entremetteuse la Mule, des danseuses de l'Opéra, des comédiennes...

En 1880, à l'emplacement de la Folie naissait donc le premier Casino de Paris, une salle de spectacles vouée aux revues présentant de jeunes femmes souvent dénudées. Les tableaux des spectacles puisaient dans l'Histoire coquine de tous les temps, avec les « orgies » de Cléopâtre, « maison close - étude de mœurs » ou la jolie Guitta dans ses « nouvelles danses de volupté ». Le spectacle était aussi dans la salle puisque le Casino avait, au début du XXe siècle, la réputation d'être l'un des terrains de chasse favoris des prostituées adeptes du racolage.

Par la suite, l'une de ses grandes vedettes fut Mistinguett, qui y exhibait ses gambettes. C'est ici qu'elle chanta cet hymne à la parisienne :

> *« On l'adore dès qu'on la voit*
> *La jolie Parisienne*
> *Au fin profil montmartrois*
> *Oi oi oi oi oi*
> *Oiseau de Paradis. »*

Cécile Sorel, la tragédienne de la Comédie française, fit de même dans une revue intitulée *« Vive Paris »* dans laquelle elle prononça son célèbre « L'ai-je bien descendu ? », en parlant de l'escalier. Elle y incarnait tour à tour Agnès Sorel, la Belle Ferronnière, la Pompadour et la Du Barry, sur des textes de Sacha Guitry et montrait au passage l'un de ses petits seins dans un sketch mettant en scène la République en personne.

Mistinguett.

La nudité de la poitrine était donc la règle sur la scène du Casino durant l'entre-deux-guerres. Les jeunes femmes n'y faisaient pas de « strip-tease » : elles apparaissaient déjà les seins nus. Cette forme de nudité était quasiment admise par tous, les censeurs n'y trouvaient rien à redire, cela faisant partie de la « vie parisienne ». Mais il fallait en rester là.

L'une des vedettes des revues du Casino était la danseuse nue Colette Andris. Elle enchanta le public des années 30 par sa grâce et son aisance à se mouvoir dévêtue. Naturiste militante, elle présentait régulièrement des spectacles « sportifs et joyeux » à l'entracte de la présentation de films sur le nudisme. Elle créa une école de danse nue, publia de nombreux livres sur le sujet, tel que « *La beauté du corps et l'avenir de l'humanité* ». *Elle y revendique sa nudité : « Une herbe que le vent courbe est nue et parfaite en son mouvement. Alors, pourquoi le corps, cette plante merveilleuse, ne serait-il pas simplifié, dépouillé de parures inutiles et trompeuses, pourquoi ne serait-il pas, lui aussi, un reflet d'harmonie, l'enchantement vivant que, pétrifié, représente une belle statue ? »*

Durant les années 30, elle recrée régulièrement son numéro dans des films tels que « *Le Culte de la beauté* » de Léonce Perret, « *Brumes de Paris* » de Maurice Sollin ou « *Une nuit de folies* » de Maurice Cammage et elle danse, dissimulant de moins en moins son intimité au public.

Colette Andris.

Un peu trop nue d'ailleurs puisqu'elle fit scandale aux Folies Bergères en dévoilant une blondeur pubienne que les censeurs n'étaient pas encore prêts à accepter[1].

Une autre danseuse, Joan Warner, eut en juin 1935 des démêlés avec l'Association pour l'Accroissement de la population française qui lui intenta un procès devant la Xe chambre, au nom du fait qu'elle apparaissait « sans cache-sexe ». Elle n'était véritablement nue qu'une poignée de secondes avant d'être enveloppée dans un manteau de fourrure.

Son avocat vint présenter au tribunal le minuscule cache-sexe qu'elle portait encore quelques instants avant la fin du spectacle. Ce qui plongea le jury dans la confusion au point qu'il décida de ne pas trancher. Mais dans le même temps, en novembre 1937, un tribunal à Riom décida de relaxer une femme aux seins nus apparaissant dans un spectacle de cirque dans une cage aux lions. Les attendus du jugement estimèrent que le « *spectacle de la nudité du corps humain, fréquent à notre époque pour des raisons d'hygiène ou d'esthétique, n'a rien en soi qui peut outrager une pudeur normale, même délicate, s'il ne s'accompagne pas de l'exhibition des parties sexuelles ou d'attitude ou de gestes lascifs ou obscènes* ». La limite était tracée.

Même au Casino de Paris, où la nudité des seins était parfaitement admise, il n'était pas encore question d'en montrer davantage.

---

1. ANDRIS, Colette, *Une danseuse nue*, Flammarion, 1933.

La comtesse de Castiglione par Pierre-Louis Pierson, dans les années 1860.

LA CASTIGLIONE

Quelle était l'arme absolue des courtisanes ?

La comtesse de Castiglione, cette intrigante, née Virginia Oldoïni, était une espionne à la solde de l'Italie quand elle devint la maîtresse de Napoléon III. L'adultère impérial fit doublement scandale, la comtesse ayant au passage ruiné son mari, contraint de vendre l'hôtel particulier sis dans la rue qui porte encore son nom. Tandis qu'elle renseignait les services d'espionnage, la Castiglione posait pour des photographes et couchait donc avec l'Empereur... Elle avait quelques arguments pour le séduire.

Horace de Viel Castel, dont les mémoires sur le Second Empire sont toujours pleines d'enseignements[1], nous apprend que *« sa gorge est vraiment admirable ; elle se dresse fièrement comme la gorge des jeunes mauresques ; les attaches n'ont pas de plis ; en un mot, les deux seins semblent jeter un défi à toutes les femmes »*.

Un défi !

---

1. DE VIEL CASTEL, Horace, *Mémoires du comte Horace de Viel Castel sur le règne de Napoléon III (1851-1864)*, Chez tous les libraires, 1888.

Détail du pilier du portail de la Vierge à Notre-Dame de Paris.

LES CATHÉDRALES

Quelles sont ces figures féminines dénudées qui décorent les murs des cathédrales et des églises ? Il suffit parfois de lever les yeux pour découvrir d'étonnants spectacles : entre les statues de bienheureux ou de prophètes, des femmes exhibent leur poitrine...

Ainsi il y a, dans la basilique de Vézelay, de nombreuses statues dont on dit qu'elles représentent des scènes symboliques, mais qui, au strict premier degré, semblent souvent trivialement gaillardes. Une femme au torse dénudée apparaît sur le tympan, un homme poisson se penchant vers elle ; sur un pilier, une femme, nue se malaxant les seins, a le ventre dévoré par un serpent ; sur un autre pilier, un démon caresse le sein d'une femme... Symbolisme, sûrement... De même, Ève se promène en petite tenue sur l'un des chapiteaux.

Mais surtout, la basilique est dédiée à sainte Marie-Madeleine, la fille perdue, dont elle possédait quelques reliques, volées par le moine Badion dans le massif de la Sainte-Baume.

Le portail central et le portail de droite sont décorés de scènes bizarres, comme cette série de nudités entourant celles plus classiques d'Adam et Ève sous la base d'une statue de la Vierge ou ces quelques scènes grotesques – fornication, défécation ? – qui soutiennent des représentations d'apôtres ou de prophètes.

De même, sur le pilier du portail de la Vierge à Notre-Dame de Paris, on reste subjugué par la statue de Lilith s'interposant, les seins nus, entre Adam et Ève.

À Strasbourg, ce sont des damnées aux seins nus qui s'en vont vers les enfers... Quasiment chaque grand monument religieux français compte parmi les images le décorant l'une de ces représentations dénudées.

Et toujours, la représentation de la poitrine féminine est associée à la déchéance et à la damnation. Les seins nus d'Ève chassée du Paradis rejoignent dans une même symbolique la nudité des damnées jetées dans la marmite du Diable, tandis que les bienheureuses, vêtues de longues robes s'en vont vers les Cieux. Lorsque les vices cardinaux sont représentés dans les cathédrales, ils sont symbolisés par des femmes dont les seins nus sont maltraités. Comme il se doit, la luxure est toujours identifiée à une femme qui se mutile les seins.

Saints et seins ne font donc pas bon ménage aux murs des églises et des cathédrales, même si ces derniers y sont très souvent présents.

CHARITY CALENDAR

Pourquoi tant de femmes, britanniques pour la plupart, posent-elles nues chaque année dans un calendrier, en dévoilant partiellement leurs seins ?

Tout commence en 1999 lorsque le mari de l'une des membres d'un club féminin du Yorkshire, le *Rilstone and District Women's Institute*, meurt d'une leucémie. Sa veuve, Tricia Stewart, et son amie, Angela Baker, décident de lutter à leur manière contre cette maladie, en levant des fonds. Pour cela, ces aimables quinquagénaires bon chic bon genre ont une idée peu conventionnelle. Elles décident de poser nues, pour un « *Charity calendar* » vendu au début de l'année 2000.

Le calendrier connaît un succès foudroyant, malgré l'absence d'enthousiasme, voire l'hostilité de leur entourage. Depuis le « *naked charity calendar* » est devenu une forme d'institution en Grande-Bretagne. Chaque année, des dizaines de nouveaux calendriers apparaissent, dénudant plus ou moins des agricultrices, des sportives et surtout des étudiantes. Apparaître nue – mais les tétons et le pubis dissimulés au regard – devient quasiment une manière naturelle de participer à la collecte de fonds pour des causes les plus diverses.

En 2003, un film est adapté de l'aventure sympathique des dames charmantes participant au premier groupe de « *Calendar girl* ». Des femmes de tous âges se mettent nues pour de bonnes causes.

Piero di Cosimo : « Portait de femme » dit de Simonette Vespucci, entre 1480 et 1490.

CLÉOPÂTRE

Comment se fait-il que la grande reine d'Égypte, compagne de Jules César, soit si souvent identifiée par la seule présence de sa poitrine ?

Dans l'imagerie libertine occidentale, Cléopâtre personnifie la femme nue, elle en est l'incarnation suprême, celle qui se dévoile sans pudeur, celle que l'on ne peut quasiment pas imaginer vêtue. Les poètes s'en sont émus, comme dans ce quatrain de Théodore de Banville publié en 1865 :

« *La blanche lune, au haut de son vol parvenue,*
Baignant les escaliers élancés en plein ciel,
Baise un lit rose où, dans l'éclat surnaturel
De sa divinité, dort Cléopâtre nue. »

Oh ! oh ! Comme ce « au haut » est dissonant. Et que dire de cette description de la reine par Albert Samain, dans un texte publié au Mercure de France en 1891 :

« *Cléopâtre, à genoux sous les astres qui brûlent,*
Soudain pâle, écartant ses femmes qui reculent,
Déchire sa tunique en un grand geste impur,
Et dresse éperdument sur la haute terrasse
Son corps vierge, gonflé d'amour comme un fruit mûr.
Toute nue, elle vibre ! »

Théophile Gautier, dans un court roman paru dans la presse en 1838, « *Une nuit de Cléopâtre* », décrit lui aussi la reine au bain : « *La tunique de lin, retenue seulement par une agrafe d'or, se détacha, glissa au long de son corps de marbre et s'abattit en blanc nuage à ses pieds comme le cygne au pied de Léda. Cléopâtre trempa dans l'eau son talon vermeil et descendit quelques marches ; l'onde frissonnante lui faisait une ceinture et des bracelets d'argent et roulait en perles sur sa poitrine et ses épaules comme un collier défait ; ses grands cheveux, soulevés par l'eau, s'étendaient derrière elle comme un manteau royal ; elle était reine même au bain.* »

Le fantasme des Occidentaux, pour qui se déshabiller en allant prendre un bain est « un grand geste impur » dixit Samain, poète symboliste français, trouve son origine dans l'art égyptien qui représente les femmes la poitrine largement dénudée. Les quelques images qui nous restent de Cléopâtre ou des grandes dames de son temps, voire des déesses féminines, montrent invariablement des femmes aux seins nus. Quand Cléopâtre choisit elle-même de se faire représenter en déesse, c'est encore les seins nus.

Cléopâtre pouvait d'ailleurs sans crainte se montrer dans cette tenue. Si on en croit les rares portraits au naturel que l'on fit d'elle, elle avait reçu en cadeau des dieux une poitrine menue, mais étonnante, deux seins quasi coniques, dont les pointes très brunes semblaient vouloir vous transpercer le cœur.

Les comédiennes Theda Bara la première et la plus sulfureuse, Vivien Leigh, suivies de Linda Cristal, Liz Taylor dans un duo avec Richard Burton ou Hildegarde Neil, interprétèrent assez chastement le rôle de Cléopâtre, tandis que Sofia Loren dans « *Due notti con Cleopatra* » de Mario Mattoli en 1953 ou Leonor Varela pour un téléfilm sorti en 1999 se montrèrent plus dénudées, mais jamais autant que ne le suggèrent les peintres ou ses portraits antiques.

Malheureusement, la nudité des seins de Cléopâtre est surtout associée à l'événement le plus tragique de son existence. En 30 avant J.-C., Cléopâtre se suicide, par désespoir amoureux à la mort de son amant Marc-Antoine, mais également pour ne pas être soumise par Octave après le désastre de la bataille d'Actium. Elle choisit une mort aussi horrible que bien propre à inspirer les artistes : elle se fait volontairement mordre par deux cobras dissimulés dans un panier de figues. Elle a été vraisemblablement mordue au bras en plongeant les mains dans le panier, les artistes préférant représenter des serpents plantant les crocs dans son cou. Tous les peintres s'inspirant du sujet la représentèrent donc les seins nus, Il Guido, Jan van Scorel, Felice Ficherelli… Shakespeare pour les conforter dans leur choix écrit : « *Là, sur son sein paraît une trace de sang.* »

Il arrive parfois que le modèle l'emporte sur le sujet. « *Portait de femme* », œuvre de Piero di Cosimo, représente bien la reine d'Égypte, de profil, les seins nus, un serpent s'enroulant autour de son cou et s'apprêtant à la mordre à l'épaule. Il s'agit d'un portrait de Simonetta Vespucci, une jeune femme dont la beauté inspira tous les peintres de son temps et particulièrement Botticelli qui la prit pour modèle de « *La naissance de Vénus* ». Simonetta était l'une des plus belles femmes de la cour des Médicis à Florence. Sa beauté diaphane et lumineuse lui vaut d'être surnommée « la sans pareille », bien digne d'être choisie pour modèle d'un portrait de la sublime reine Cléopâtre.

Malheureusement, cette image est posthume. Simonetta Vespucci est brutalement morte à 23 ans, avant que ne soit achevé ce portait de la reine, morte elle aussi trop tôt.

Georges Wague et Colette dans « La Chair », 1907.

COLETTE

Qui pouvait bien être aussi affirmatif en claironnant que Colette, l'écrivaine, avait un « beau nichon » et comment pouvait-il le savoir ?

Colette, l'immortelle auteure de la série des « *Claudine* », qu'elle écrivit d'abord quasiment anonymement dans l'ombre de son mari Willy, fut l'une des premières comédiennes montrant un sein nu sur la scène d'un théâtre, sans le voile d'un collant couleur chair. Séparée de son mari, elle découvre l'art de la pantomime et s'y initie en compagnie d'une jeune femme qui est à la fois son mécène et sa maîtresse, Mathilde de Morny, plus connue sous le pseudonyme de « Missy ». Ensemble elles montent une pantomime intitulée « *Rêve d'Égypte* » qui présente un égyptologue tombant amoureux d'une momie. Ce qui permet à Colette de se dévêtir en se débarrassant une à une de ses bandelettes. L'ensemble reste assez chaste, mais le scandale est immense, car Missy, ouvertement homosexuelle, est aussi l'une des grandes dames de la société mondaine parisienne. Comme le raconte la Société des amis de Colette, « *la présence d'une Morny sur les planches, le baiser qu'échangent Colette et Missy vont provoquer un énorme scandale. Le préfet de police Lépine interdit alors à Missy de reparaître sur la scène. Le lendemain, le titre a changé – « Songe d'Orient » – et Georges Wague reprend le rôle de Missy, sans que le chahut s'apaise pour autant. Le spectacle est alors définitivement interdit à Paris.* »

Colette récidive dès la fin de l'année sur la scène de l'Apollo, un music-hall proche du Casino de Paris. Le 2 novembre 1907, elle y interprète une nouvelle pantomime intitulée « *La Chair* ». Elle joue le rôle de Yulka, une « romanichelle » qui trompe son amant contrebandier avec un sous-officier roumain. L'homme trahi et délaissé décide de tuer sa maîtresse infidèle. Il l'aurait fait si – selon l'argument de la pièce – « *dans la lutte, son vêtement se déchirant, ne laisse apparaître "la chair" dont il est sauvagement épris* ». À la vue de cet éclair de nudité, il s'enfuit et se donne la mort[1], désespéré de ne plus pouvoir posséder cette chair adorée.

Ce prétexte permettait à Colette de se débattre en scène, sa robe se déchirait alors, dévoilant un sein appétissant. Des critiques s'enthousiasmèrent devant « *ce déchirement violent de la tunique qui fait jaillir le fruit délicieux de la chair de la poitrine* ». Ce qui permettait aux chansonniers de l'époque de poser cette question :

« *J'ai vu la Chair. Ma foi j'ignore
Si c'est de l'art ou…
Mais crénom !
Colette a de bien beaux nichons !* »

L'auteur se vantait, car on devait vraisemblablement n'en voir qu'un. Mais c'est un événement quasiment sans précédent. Le chanteur Maurice Chevalier en personne, qui se trouvait dans la salle, s'enthousiasmait :

---

1. CHALON, Jean, *Colette, l'éternelle apprentie*, Pocket, 2005.

« Elle nous mettait sous les yeux le sein le plus voluptueux qu'un amateur de belles poitrines pouvait souhaiter. Ah ! Ce nichon de Colette ! »

En 1907, la nudité féminine est déjà très présente sur les scènes parisiennes, mais elle n'est qu'apparente. Les jeunes femmes qui s'exhibent portent des collants couleur chair ce que refuse Colette par souci de présenter la vérité du corps des femmes. Le spectacle sera un grand succès : elle le joue de longues semaines à Paris, puis en tournée à Monaco, Nice ou Bordeaux jusqu'à la fin de l'année 1908, puis quasiment sans interruption durant les années suivantes, lors d'une tournée qui l'entraîne à Bruxelles et dans toutes les grandes villes françaises.

Ce sont donc des milliers de spectateurs qui virent brièvement le sein de Colette.

Un de ses amis avait un jour dit à Colette : « *Rien n'est plus facile que d'avoir une mauvaise réputation, mais tu verras, plus tard, quel mal on a pour la garder.* »

Elle eut ensuite encore de nombreuses occasions de susciter la réprobation, en décrivant dans ses romans des amours parfois scandaleuses. Mais elle devint en vieillissant l'incarnation de la grande femme de lettres et l'un des écrivains préférés des Français.

Pourtant, nombreux furent les spectateurs de son spectacle de 1907, tel Maurice Chevalier, qui ne pouvaient penser à elle qu'en s'exclamant : «*Ah! Ce nichon de Colette!*»

Concert Mayol, affiche publicitaire de 1924, illustration d'Edouard Halouze.

CONCERT MAYOL

Qui étaient les jeunes femmes dénudées qui firent les beaux jours de la scène du Concert Mayol, incarnations des « petites femmes de Paris » ?

En 1910, le fantaisiste Félix Mayol acheta l'ancien Concert-Parisien, situé à l'angle de la rue du Faubourg-Saint-Denis et de la rue de l'Échiquier et lui donna son nom. Pendant soixante ans, l'établissement vit se produire un nombre incroyable de revues légères. La programmation des premières années avait permis de découvrir à Paris le talent de Fernandel, Raimu ou de Sardou le grand, père de Michel. Après-guerre, pour remonter le moral de la nation, les petites femmes de Paris devinrent les seules reines du spectacle.

Le titre des revues produites entre 1918 et 1928 donne des idées de leur contenu : « *La revue toute nue* », « *Nu, nu, Nanette* », « *À poil et à plumes* », « *Quel beau nu !* », « *Oh ! La vicieuse !* », « *La ruée vers l'orgie* », « *Oh ! Quel nu t'as !* »... C'est sur la scène du Concert Mayol que se développa l'habitude de présenter des tableaux mettant en scène des jeunes filles partiellement dénudées à quasiment chaque instant et sous les prétextes les plus futiles. On pouvait également y applaudir, plus chastement vêtues, quelques chanteuses extravagantes comme Damia, Polaire ou Ève Lavallière. Après un long entracte durant lequel la scène se consacra à l'opérette, la revue légère fut à nouveau à l'affiche en 1934 avec « *Nu - 34* ».

Bizarrement, c'est un grave problème financier qui allait donner à l'établissement la renommée qui lui permit de survivre jusqu'à la fin des années 70. La direction, n'ayant plus les moyens de payer en permanence une troupe de danseuses professionnelles, décida de se contenter de la présence sur scène de « petites femmes nues », comédiennes et danseuses approximatives, secrétaires et ouvrières le jour, rentabilisant le galbe de leurs seins à la nuit tombée. Il en résulta un style « bon enfant » apprécié du public masculin qui découvrait la nudité des « *girl next door* » du quartier. Et sans doute

Mayol et sa troupe. Affiche d'Adrien Barrère, 1915.

un peu plus, car il arrivait que des rencontres tarifées se nouassent à la sortie des artistes, entre des actrices et des spectateurs esseulés.

Le dernier spectacle intitulé « *Erotic aux nues* » fut donné en 1979. Il ne se trouvait alors plus guère de gens pour s'extasier sur les nudités des filles du Concert Mayol.

Pourtant, loin de la sophistication des grandes revues parisiennes, elles étaient sans doute les seules beautés naturelles que l'on ait pu entrapercevoir joliment nues dans ce monde de strass et de paillettes.

Lucas Cranach : « Vénus », 1532.

LUCAS CRANACH

Comment distinguer une poitrine dénudée décorative d'une poitrine porteuse d'un message politique ? Demandons-le à Cranach.

Lorsque l'artiste allemand Lucas Cranach l'Ancien peint une Vénus, il la représente sous les traits d'une jeune femme nue, mais bien loin des canons de la beauté classique de la statuaire grecque. Il lui attribue les formes prépubères de ses modèles préférés, une silhouette longiligne, des petits seins très hauts perchés. Vénus porte un collier à la manière des courtisanes, elle montre son sexe d'un doigt et, parfaitement impudique, elle regarde le spectateur d'un œil aguicheur.

Employé pendant cinquante ans comme peintre officiel à la cour de Saxe, dans la cité de Wittenberg, Cranach y a imposé sa conception particulière de la beauté féminine en produisant par centaines des images de femmes nues, graciles et ondulantes, s'inspirant de scènes bibliques et de la mythologie grecque et romaine que ses contemporains redécouvraient.

Selon l'historienne d'art Naïma Ghermani[1], l'idéal féminin qu'incarnaient ces Ève, Diane ou Vénus *« plaisait au milieu intellectuel de Wittenberg et à une riche clientèle qui passait commande »*.

---

1. GHERMANI, Naïma, *Cranach et son temps : Album de l'exposition*, Musée du Luxembourg, 2011.

Mais ces jeunes filles minces aux petits seins furent aussi utilisées par Cranach pour diffuser un message politique. Durant les guerres de religion, le peintre s'engage aux côtés des partisans de Luther. «*À cette époque*, rappelle Naïma Ghermani, *les protestants se posaient la question de la résistance à l'empereur Charles Quint, qui leur interdisait de pratiquer leur foi*». Cranach propose alors des portraits de Judith, tenant entre les mains la tête de son ennemi Holopherne ou de Lucrèce tenant le poignard avec lequel elle se suicidera pour éviter le déshonneur. En puisant dans la Bible et l'histoire romaine, Cranach s'empare de deux personnages s'illustrant dans leur lutte contre un pouvoir tyrannique.

Elles sont toujours aussi nues, mais leurs petits seins sont désormais porteurs d'un message de résistance.

MADAME D'ORA

La photographie de nus se dissimula d'abord sous le prétexte de «l'aide aux artistes». Les photographes produisaient un grand nombre de clichés d'hommes ou de femmes dans le plus simple appareil, destinés – disaient-ils – à aider les peintres n'ayant pas les moyens de faire appel à des modèles vivants.

Le «nu académique» fut concurrencé dès le milieu du XIXe siècle par des formes de représentation plus proche de la pornographie. Généralement produits par des photographes anonymes, ces daguerréotypes obscènes avaient pour modèles les filles recluses des bordels. Le nu artistique, ni académique ni pornographique, restait à inventer. Une photographe en particulier, Madame d'Ora, ouvrit la voie.

En Autriche, elle avait la réputation rassurante d'une photographe mondaine. Elle compta parmi ses clients l'empereur Charles Ier en personne qui posa pour elle en compagnie de sa famille en 1917. Mais dès les années 20, l'ambiance de la ville de Vienne cesse de lui plaire et de satisfaire ses goûts pour la légèreté et l'extravagance. Dora Kallmus s'installe à Paris où elle ouvre un studio sous le nom de Madame d'Ora.

Elle produit alors un grand nombre de clichés des vedettes du moment, photographiant le Tout-Paris de l'art et des spectacles. Le portrait qu'elle réalise d'Arletty est encore assez chaste, mais en 1923, elle photographie la danseuse Élisa Altmann, portant un kimono largement échancré sur ses seins nus. Une image de la danseuse Kaja Marquita, cambrée, les seins nus, le visage dépourvu d'expression, seulement vêtue de bijoux et de perles, apparaît d'une grande modernité. Elle met également en scène la beauté dénudée de Lili Damita. La jeune femme connaissait alors un grand succès sur la scène des music-halls où elle exposait sa poitrine parfaite : le comédien américain Errol Flynn en fut saisi d'admiration, l'épousa et l'emmena en Amérique.

C'est encore Madame d'Ora qui réalisa en 1928 les premiers nus artistiques présentant Joséphine Baker en dehors de son univers africain de pacotille. Avec elle, les photos représentant une femme aux seins nus entraient dans l'univers de l'Art.

Giambattista Tiepolo : « Apollon et Daphné », 1743-1744.

DAPHNÉ

Qui peut bien être cette jeune fille, dénudée, que les peintres représentèrent les bras tendus vers le ciel alors que des feuilles de laurier semblent pousser de ses mains ?

Daphné était une nymphe, dame de compagnie de la déesse Artémis, fille du dieu Pénée et une victime de l'amour... Ou plus exactement du petit dieu de l'amour.

Car Cupidon est très vexé depuis que le dieu Apollon s'est moqué de lui. Pour se venger, il décide de décocher deux de ses fameuses flèches, la première en or contre Apollon, pour qu'il tombe éperdument amoureux de la nymphe Daphné, la seconde en plomb contre cette dernière pour lui inspirer le dégoût de l'amour. De quoi les mettre l'un et l'autre dans une situation épouvantable. Daphné est particulièrement jolie et bien faite, le pauvre Apollon ne se résigne pas à accepter qu'elle le rejette. Il la poursuit donc dans tous les coins et recoins de la Grèce des temps anciens. La pauvre fille, nue, échevelée, épuisée, demande grâce et implore son père pour qu'il la transforme en un objet ne suscitant pas l'amour... Comme Ovide le raconte dans ses « *Métamorphoses* », la voici transformée en un beau laurier rose, dont Apollon, que rien n'arrête, tombe évidemment amoureux au point d'en faire son emblème.

Une autre version de cette légende raconte qu'un jeune homme nommé Leucippe tomba éperdument amoureux de la jolie nymphe. Mais Daphné étant au service de la déesse Artémis, assez stricte sur le plan des mœurs, elle ne pouvait être entourée que de femmes. Leucippe décida alors de se travestir pour rester au plus près de sa nymphe adorée. Mais le dieu Apollon, également amoureux de Daphné dans cette version de l'histoire, décida de réagir. Il poussa Artémis la chasseresse et sa cour à aller prendre un bain. La joyeuse troupe, en se dénudant, découvrit le pot au rose. Leucippe n'ayant pas réussi à dissimuler son identité sexuelle fut massacré à coups de javelot et Daphné transformée en laurier pour échapper aux conséquences des ravages causés par sa beauté.

Un personnage, dont la bonne mine et le corps parfait inspirèrent tant d'amours excessifs chez les mortels comme chez les dieux de l'Olympe, ne pouvait que susciter l'intérêt de peintres à la recherche de prétextes pour montrer des femmes nues. Ce sont les tentatives de conquêtes effrénées du dieu Apollon qui motivèrent principalement les artistes. Une célèbre sculpture du Bernin présente le dieu sur le point de ceinturer la belle dénudée, dans un geste d'une belle envolé qui dévoile la poitrine palpitante de la jeune fille. Tiepolo montre un Apollon hors d'haleine sur le point de rattraper Daphné alors qu'elle vient de se mettre sous la protection de son père et que sa main se transforme déjà en une branche de laurier avant de se muer tout entière en arbre. Cette image de la main de la nymphe se transformant en branche d'arbre est présente dans un grand nombre de représentations du mythe.

C'est donc une fille qui ne passe pas inaperçue. Dès qu'un personnage féminin a les seins nus et des feuilles qui lui sortent des mains, c'est qu'il s'agit de la belle Daphné.

Jean Goujon : « Diane de Poitiers appuyée sur un cerf », 1549.

DIANE

Sous quel étonnant prétexte la favorite royale, Diane de Poitiers, maîtresse d'Henri II, s'est-elle retrouvée posant le sein nu, un arc en bandoulière ? Son prénom évidemment... Ce devait être trop tentant.

Diane – ou Artémis – est la sœur jumelle d'Apollon, la fille de Latone et de Jupiter. À sa naissance à Délos, quelques instants avant son frère, elle assiste aux douleurs de l'accouchement subies par sa mère et fait alors vœu de chasteté, tout comme sa sœur Minerve, ce qui leur vaut le surnom de « Vierges blanches ». C'est un assez mauvais départ pour une carrière de *sex-symbol*. Diane apparaît pourtant régulièrement les seins nus dans quelques milliers de toiles ou de statues, ce qui fait d'elle, avec sa consœur Vénus, l'une des héroïnes mythologiques les plus souvent représentées et presque toujours dans la même situation, lorsqu'elle est surprise les seins nus par un voyeur importun.

Car en général Diane mène une vie plutôt sauvage. Son père Jupiter lui a donné un arc et des flèches et lui a attribué une petite armée composée de soixante nymphes appelées les « *Océanies* » et de dix autres nommées les « *Asies* ». Ces jeunes femmes, régulièrement dénudées elles aussi, doivent faire vœu de chasteté éternelle. Diane, la reine des bois, se promène donc à la tête d'une troupe de vierges, jolies comme des cœurs et peu vêtues. Elle les dépasse toutes en taille et en beauté.

Sur le plan du caractère, il y aurait des choses à redire. Diane est sans pitié : c'est sans doute la plus cruelle des déesses de l'Olympe. Elle exige des sacrifices humains, dont celui de la pauvre Iphigénie et ceux de Tauride (nom antique de la presqu'île de Crimée), tous les naufragés sur la côte devant être sacrifiés à la déesse et dévorés par un monstre marin. Diane est cruelle au point d'avoir un double maléfique, Hécate, une ombre qui règne aux enfers. Elle s'incarne également dans les cieux : Diane y resplendit sous les traits de la lune, lorsque son frère, Apollon le soleil, s'est couché.

Mais revenons à son gang de nymphes pucelles. Ensemble, ces jeunes femmes, décidées à se tenir éloignées des hommes, se livrent aux plaisirs de la chasse. Et malheur à qui croise leur route...

L'une des scènes les plus célèbres de la vie de la déesse se situe au bord d'une rivière. Diane s'y baigne nue, ses seins resplendissent au soleil... Ce n'est ni son activité ni son costume habituel. Traditionnellement, Diane porte une jupe stricte et une sorte de boléro qui lui couvre la poitrine. Un carquois contenant quelques flèches et son arc complètent la panoplie. C'est précisément le jour où elle se déshabille qu'Actéon, un berger de passage, la surprend et se repaît du spectacle de sa beauté. Il vient de signer ainsi son arrêt de mort. La déesse le transforme en cerf et le fait dévorer par les chiens de sa meute. Pourtant, Actéon est sans doute un membre de sa famille, son petit-neveu, le petit-fils de son frère Apollon. Mais qu'importe, il n'avait pas à essayer de la voir nue !

La scène a réjoui les peintres : dans l'une de ses toiles les plus voluptueuses, François Boucher montre Diane au bain, quelques instants avant d'être « surprise » par Actéon. Lucas Cranach profite du récit de cette anecdote pour peindre une sorte de piscine peuplée de femmes nues et sveltes comme il les aime. Jean-Paul Sartre désigna sous le nom de « *complexe d'Actéon* » le désir des savants de vouloir découvrir en violant la vérité du regard. Les seins de Diane prennent alors une autre dimension, celle d'une illumination. Et nous, en regardant les toiles présentant un personnage découvrant sa nudité, nous devenons les voyeurs d'une scène de voyeurisme.

D'autres événements spectaculaires sont associés à sa vie terrestre. Ainsi la très chaste déesse tomba malgré tout amoureuse d'Endemyon, mais sans espoir, son fiancé ayant reçu le privilège de dormir éternellement. Dans une autre version du récit de leurs amours, ils ont cinquante enfants, preuve qu'il ne devait pas dormir tout le temps…

Pourtant, c'est bien un seul bref instant de sa divine existence, l'apparition de ses seins nus observés par Actéon, qui assure à la déesse sa notoriété érotique.

Aussi l'image de Diane, par imitation sans doute, vint se greffer sur ses homonymes. À commencer par Diane de Poitiers qui régna sans partage sur la cour d'Henri II lorsqu'elle s'installait à Blois. Quelques malappris s'en plaignaient, si on en juge par cette chanson :

« *Malgré son grand âge*
Diane ce soir à Blois
Est en chasse, je crois,

Pour y forcer le Roi,
Ah, Catin, Catin! Quel dommage. »

Elle avait 49 ans. Les peintres et les sculpteurs la représentèrent régulièrement nue. Une toile de l'école de Fontainebleau la montre allongée nue devant un cerf ; une autre célèbre toile la présente marchant de profil, toujours nue, un arc à la main, en Diane chasseresse. C'est encore en déesse Diane que le sculpteur Jean Goujon choisit de la montrer adossée à un cerf...

Quant à la chanteuse Diane Dufresne, elle posa les seins nus peints aux couleurs du drapeau québécois sur la pochette de l'un de ses disques. Ce qui n'a sans doute aucun rapport avec notre propos...

Les seins de Diane, même entrevus brièvement par un chasseur indiscret, font donc intégralement partie de sa personnalité, au point que la statue la représentant au temple d'Artémis d'Éphèse, en Turquie, en était fort bien pourvue. Son corps était décoré d'un grand nombre de seins, en bandes, des épaules au bas des jambes.

Dans la nuit du 21 juillet 356 av. J.-C., Herostratus, un illuminé qui souhaitait que son nom soit à jamais immortalisé, incendia le temple de Diane. Peut-être avait-il été lui aussi rendu fou par la vue des seins de la déesse ?

Carol Doda Condor Club, 1973.

CAROL DODA

Quelle est donc cette femme au tour de poitrine phénoménal qui incarna aux USA l'image de la nudité scandaleuse ?

Le 19 juin 1964, dans les bas quartiers de San Francisco, au carrefour de Broadway et Columbus Streets, non loin des docks, Big Davy Rosenberg, le responsable de la programmation de la boîte de nuit *Condors*, eut une idée lumineuse. Il offrit un monokini à la danseuse vedette de son établissement en lui demandant de le porter et de danser le soir même les seins nus sur le piano du bar.

Carol Doda, âgée alors de 26 ans, allait entrer dans l'Histoire du spectacle aux États-Unis en étant la première artiste se présentant les seins réellement nus sur scène. Et quels seins! La poitrine de la jeune femme est un défi lancé aux soutiens-gorge n'ayant pas de bonnets assez profonds pour les contenir.

Déjà lorsqu'elle danse sobrement vêtue d'un maillot de bain deux-pièces, qui a du mal à contenir tant de chair ravissante en mouvement, elle remporte un franc succès. Ce soir de juin 1964, c'est un triomphe qu'elle remporte.

Le piano du *Condor Club* est déjà en soi une merveille. Monté sur des vérins hydrauliques, il descend lentement du plafond… C'est beau… Alors que dire de l'ébahissement des spectateurs qui découvrirent Carol Doda, les seins nus, dansant sur l'instrument!

Aussitôt, le spectacle du *Condor* fit le plein tous les soirs et tous les cabarets du quartier se mirent également à produire des spectacles comportant la vision, même fugitive, de seins nus. La police s'en mêla évidemment et la strip-teaseuse se retrouva au poste, ce qui ne fit qu'accroître sa popularité. Au sommet de sa gloire, elle donnait jusqu'à douze shows quotidiens au *Condor*.

Carol Doda devint alors une sorte d'icône pop. En 1969, elle franchit une nouvelle étape en dansant intégralement nue sur scène, ce qui lui monta à la tête. Il fallait qu'elle en fasse encore et toujours davantage. Elle décide donc de faire augmenter le volume de sa poitrine par des injections de silicone qui la font passer du 90B au 115D.

Cette poitrine faramineuse attira alors l'attention des publicitaires qui décidèrent de se servir de leur galbe effronté pour une campagne poussant à la consommation de lait.

Le slogan : « *Everybody needs milk, even Carol Doda.* » *(Tout le monde a besoin de lait, même Carol Doda)*

Affiche du film « Emmanuelle » de Just Jaeckin, 1974.

EMMANUELLE

À qui appartint le sein nu le plus vu de France pendant une décennie ?

Le cinéma *Le Triomphe*, 92, Champs-Élysées, détient un étonnant record. Le film de Just Jaeckin, « *Emmanuelle* », y fut projeté sans interruption du 26 juin 1974 au 29 janvier 1985, dix ans et demi de présence, battant ainsi le record de longévité de « *West Side Story* ».

L'affiche du film présente l'actrice Sylvia Kristel, bien installée dans un grand fauteuil d'osier. « *Le chef-d'œuvre de la littérature érotique devient enfin un film* », est-il écrit près d'elle. Le roman d'Emmanuelle Arsan est effectivement l'un des grands textes de l'érotisme contemporain. Publié en 1967, il raconte la découverte de l'amour, du plaisir et de la liberté par l'épouse d'un diplomate. Elle a 19 ans et s'envole pour Bangkok sans se douter qu'elle y connaîtra toutes sortes d'expériences érotiques. Plus de cinquante millions de spectateurs virent le film, dont l'affiche appartient désormais à l'histoire de l'imagerie érotique.

Les seins voluptueux et fermes de Sylvia Kristel, décorés d'un rang de perles.

Francis Tattegrain : « L'entrée de Louis XI à Paris », 1870-1885.

LES ENTRÉES ROYALES

Que pouvaient faire ces jolies femmes dénudées s'exposant au passage des cortèges chamarrés de la cour de France ?

Durant tout le Moyen-Âge et jusqu'au règne de Louis XII, les « royales entrées » étaient une tradition bien installée en France. Le nouveau souverain et son épouse la reine, accompagnés d'un cortège de militaires et de dignitaires faisaient leur entrée à Paris et dans les principales villes du royaume, tant pour se présenter au peuple que pour découvrir les caractéristiques propres à chacune des grandes cités. Il va sans dire que les notables rivalisaient d'imagination pour organiser des spectacles religieux ou plus prosaïques, et pour mettre leur ville en valeur en construisant des monuments provisoires à la gloire des souverains.

Certains d'entre eux, comme la Fontaine des Innocents près des Halles à Paris, ont défié les siècles. Les bas-reliefs sculptés en 1550 par Jean Goujon décorent ce qui, avant de devenir une fontaine, servit de tribune destinée à accueillir quelques privilégiés assistant à l'entrée solennelle à Paris du roi Henri II. Les nymphes aux costumes drapés semblent être une incarnation de la fluidité et de l'humidité sensuelle.

Il ne s'agit là que de femmes de pierre, les « royales entrées » présentaient parfois des spectacles mettant en scène des femmes bien réelles intégralement nues. En

1430, à l'occasion de l'entrée d'Henri IV d'Angleterre dans Abbeville, des bassins furent disposés où barbotaient de jeunes filles « au naturel », jouant aux sirènes. La ville d'Amiens offrit ensuite au souverain anglais un spectacle du même genre, si ce n'est que les sirènes étaient alors des nymphes, toujours aussi dénudées et qu'elles jetaient des fleurs sur son passage.

À Paris, pour l'entrée de Louis XI, le 31 août 1461, la rue Saint-Denis était décorée d'une fontaine où se trouvaient les trois filles les plus admirables de Paris. Selon Philippe de Commynes, elles jouaient « *le personnage de sirènes, toutes nues, on leur voyait le beau tétin séparé, rond et dur, qui était chose bien plaisante* ». En 1491, à l'occasion de la réception de Marie d'Angleterre, seconde épouse du roi Louis XII, « *trois pucelles : Beauté, Lyesse et Prospérité* » et cinq autres jeunes filles symbolisant « *France, Paix, Amitié, Confédération et Angleterre* » s'ébattaient au passage du cortège, « *toutes vêtues de soleil* », autant dire toutes nues.

Plus excessive encore, la ville de Rouen, à l'occasion de l'entrée du roi Henri II, mit en scène un véritable village brésilien peuplé d'hommes et de femmes nus. Selon les chroniqueurs de l'époque, certaines de ces femmes exhibées au souverain étaient d'authentiques « sauvages » ramenées du Brésil par un marchand de Rouen.

Montrer ses seins au roi n'était donc pas un outrage ou une manière de l'aguicher, mais bien une façon quasi officielle de lui souhaiter la bienvenue.

École de Fontainebleau : « Gabrielle d'Estrées et de sa sœur la duchesse de Villars », vers 1594-1595.

GABRIELLE D'ESTRÉES

Étrange spectacle. Une femme, tantôt seule, tantôt accompagnée de sa sœur, pose, le torse nu, assise dans son bain. C'est sa manière de nous donner des nouvelles de sa petite famille… Mais quel est le message véhiculé par ses seins ?

Gabrielle d'Estrées fut la maîtresse du roi Henri IV et mourut sans doute des suites d'une fausse couche alors qu'elle était à nouveau enceinte de ses œuvres. À moins qu'elle n'ait été empoisonnée pour l'empêcher d'accéder au trône, comme l'ont longtemps supposé ses contemporains. Il ne lui manquait plus guère que le titre, elle qui avait déjà tous les honneurs. La petite histoire de France libertine raconte qu'elle résista six mois avant de céder aux avances du roi après l'avoir rencontré en 1590. Par la suite, Henri IV la couvrit d'honneur, lui offrit le château de Montceau-les-Meaux et lui fit trois enfants qu'il reconnut et dota. Il ne restait plus qu'à l'épouser, en annonçant avec délicatesse la nouvelle à Marguerite de Valois dont il était séparé et en passant outre le désir du pape Clément VIII qui souhaitait le voir plutôt épouser Marie de Médicis.

Sa mort, le 10 avril 1599, en décida autrement. Ce décès brutal conforta les hommes et les femmes de son temps dans leur prévention à l'égard des méfaits de l'hygiène. Car Gabrielle d'Estrées, duchesse de Valentinois, se baignait régulièrement et c'est d'ailleurs l'image que nous conservons d'elle. Alors que son amant sentait l'ail et ne se lavait presque jamais, Gabrielle barbotait souvent dans l'eau, seule ou accompagnée, évidemment les seins nus.

Les images sont troublantes à plus d'un titre. D'abord parce qu'elles permettent de pénétrer l'intimité d'un des souverains préférés des Français en découvrant les charmes de sa maîtresse, autant dire en se glissant dans sa chambre à coucher. Mais ces images sont aussi particulièrement énigmatiques. Les seins nus de Gabrielle participent à une mise en scène de son intimité et de son destin.

Le premier des trois portraits de Gabrielle au bain la présente barbotant en compagnie de sa sœur cadette, Julienne d'Estrées, duchesse de Villars. Les parents d'Estrées avaient eu sept filles qu'ils appelaient gaillardement « *Les sept péchés capitaux* ». L'image est sans doute porteuse d'un message concernant la situation de Gabrielle, enceinte du roi. Sa sœur en désignant son sein du bout des doigts, indique que celui-ci devra bientôt donner du lait. Les deux femmes à la peau très blanche ne portent aucun bijou sur le corps, mais Gabrielle tient un anneau entre les doigts de la main gauche.

Le second portrait au bain montre Gabrielle toujours accompagnée de sa sœur, mais celle-ci ne la touche plus. Derrière elles, au fond de la pièce, une nourrice porte son bébé, le petit César de Bourbon-Vendôme. Gabrielle regarde dans le vague, jouant avec le collier de perles que lui a offert le roi à l'occasion de la naissance de son fils.

Pour son dernier portrait au bain, qui date de 1597, Gabrielle est désormais seule. Le temps a passé, sans avoir eu d'effet sur la beauté de ses seins parfaits, à nouveau découverts. Derrière elle, son fils aîné César a été rejoint par la nouvelle née Henriette-Catherine.

Et c'est ainsi, les seins nus, que les maîtresses royales donnaient des nouvelles de leurs nouveau-nés.

Étuves publiques au Moyen-Âge.

ÉTUVES

Des bains naturistes et mixtes en plein Paris, dès le XIIIe siècle… Mais y allait-on seulement pour se baigner ?

En 1292, Paris abritait vingt-sept étuves ; on en dénombrait cinq à Chartres, quarante à Bruxelles… Deux formes d'établissements coexistent et finissent par fusionner : les bains d'eau chaude et l'ancêtre de nos saunas, qui propose de surcroît des bains de vapeur. En 1380, si l'on en croit l'ordonnance des métiers, un simple bain de vapeur coûte deux deniers, un bain d'eau tiède huit deniers. S'étuver et se baigner, soit la totale, revient à huit deniers. Mais il est possible de payer moins cher, en venant à deux. Il n'en coûte plus que douze deniers pour un couple.

Nous y voilà !

La plupart des établissements sont mixtes et la nudité y est la règle. Sept siècles avant la naissance du naturisme, la mode du *topless* et *a fortiori* des lieux libertins ayant pignon sur rue, alors que la poitrine féminine est absente des œuvres d'art, hommes et femmes se baignent ensemble dans de grands bacs d'eau chaude, nus, les cheveux protégés par un drap noué. Ils bavardent ensemble ou avec les occupants des bacs voisins. Dans certains établissements luxueux, une table est dressée près du bac, sur laquelle ils peuvent prendre leur repas en barbotant. Dans le bain tiède, ils se livrent à des baisers, des attouchements…

Puis les couples, nus, sortent de l'eau et cherchent une chambre libre. Ils pourront s'y reposer ou s'y divertir : personne ne leur en fera le reproche.

À la fin du XIVe siècle, la réaction s'organise. Des règlements contraignants sont imposés aux propriétaires d'étuves à qui l'accueil des prostituées est interdit, mais il l'était déjà depuis toujours. Une ordonnance du prévôt de Paris, Hugues Aubriot, en 1371, est reprise dans le statut des métiers de 1399 : « *Item, qu'aucun estuveur ou estuveresse en la ville de Paris, soit d'estuves à hommes, soit d'estuves à femmes, ne laissera ou souffrira bordeler ni tenir bordeau esdites estuves.* » Mais comme ça ne suffit pas, les hommes de loi s'attaquent au cœur du problème : la mixité.

Les étuves commencent donc, contraintes et forcées, à instaurer la séparation des sexes. À Dijon, une ordonnance précise que deux des étuves de la ville seront réservées aux hommes et deux autres aux femmes, «*sous peine d'avoir à payer une amende de quarante sols*». Mais ça ne doit pas vraiment être suivi d'effets, car quelques années plus tard, une autre ordonnance propose que les étuves soient réservées aux femmes le mardi et le jeudi et aux hommes le mercredi et le lundi. Ce qui laissait les vendredis, samedis et dimanches pour que les étuves soient fréquentées comme d'ordinaire par des couples ou des hommes à la recherche d'étreintes tarifées.

La maladie et sa propagation vinrent à bout des étuves bordelières. Elles furent fermées pour la plupart vers 1500 pour lutter contre une épidémie de syphilis. Pourtant, quelque temps plus tôt, en pleine épidémie de peste, un médecin parisien nommé Despars *« faillit être lapidé par le peuple, pour avoir conseillé de les fermer par prudence »*.

Elles fermèrent. Officiellement. Et il fallut attendre des siècles pour qu'à nouveau une femme puisse en toute quiétude se baigner les seins nus dans un lieu public.

Albrecht Dürer : « Adam et Ève », 1507.

ÈVE

La première femme est également la première baigneuse topless, la première naturiste, voire la première strip-teaseuse. Mais comment aurait-il pu en être autrement ?

Ève est la première femme nue, mais aussi la plus souvent représentée dans ce « plus simple appareil » qui dans un premier temps fut son costume naturel.

L'histoire de la nudité d'Adam et Ève se déroule en deux temps et commence par son acceptation comme une tenue tout à fait normale et adaptée aux circonstances. Dieu crée une femme à partir de la côte prise à l'homme : « *L'homme dit alors : "Cette fois-ci, voilà l'os de mes os et la chair de ma chair ! On l'appellera femme – Ishsha –, elle qui fut tirée de l'homme – Ish."* (…) *Tous les deux, l'homme et sa femme, étaient nus et ils n'en éprouvaient aucune honte l'un devant l'autre.* »

Bizarrement les peintres ont rarement choisi de représenter cette période idyllique et *stricto sensu* paradisiaque. La suite des événements les passionne davantage. Le serpent tentateur s'insinue dans le couple et pousse Ève à croquer la pomme, ce qui est à l'origine d'une métaphore appelée à connaître un succès durable.

« *La femme s'aperçut que le fruit de l'arbre devait être savoureux, qu'il était agréable à regarder et qu'il était désirable, cet arbre, puisqu'il donnait l'intelligence. Elle prit de son fruit et en mangea. Elle en donna aussi à son mari et il en mangea.*

Alors leurs yeux à tous deux s'ouvrirent et ils se rendirent compte qu'ils étaient nus. Ils attachèrent les unes aux autres des feuilles de figuier et ils s'en firent des pagnes. »

Ces deux épisodes expriment par avance le caractère ambivalent de la perception de la nudité, nudité naturelle et innocente ou nudité coupable depuis qu'elle a été associée à un crime lié à la découverte de la sexualité, ce que Jean-Paul II avait résumé d'une formule : « *Au commencement, la femme n'était pas un objet pour l'homme ni lui pour elle* ».

Rien de très rigolo en apparence. Pourtant les peintres profitèrent assez largement du flou esthétique que permettait la phrase biblique concernant les feuilles de figuier destinées à fabriquer un pagne. Les feuilles d'assez petite taille permettaient une impression de transparence au niveau du pubis et la seule allusion à un pagne autorise évidemment de présenter Ève les seins nus.

En 1507, Albrecht Dürer peint le couple grandeur nature : Ève tient la pomme, tandis que les feuilles de figuier en nombre limité semblent tenir toutes seules. Toute l'attention du spectateur converge évidemment vers sa poitrine de page centrale de magazine masculin.

Lucas Cranach, deux décennies plus tard, est tout aussi efficace pour exposer la nudité de son modèle… Qui ne fait aucun effort pour se dissimuler en croisant les bras sur ses seins. Bien au contraire, elle se cambre pour mettre en valeur les rondeurs délicates de sa poitrine. Il en peignit quelques dizaines comme cela. Rubens ou Jacob Jordaens eux aussi jouent avec les codes de la beauté de leur temps en présentant des femmes simplement *sexy*, selon les goûts de leur clientèle fortunée, mais surtout masculine. Encore ne s'agit-il là que d'œuvres destinées à finir aux murs de riches demeures.

Ève, lorsqu'elle est sculptée au mur des cathédrales ou figure dans les enluminures de bibles recopiées par des copistes dans des monastères, perd un peu de ses cambrures de starlette. Le narthex de la basilique Saint-Marc de Venise présente le récit de la sortie du paradis terrestre sous forme de bande dessinée chargée en dorure. Ève n'est plus qu'une figure hiératique, mais les seins nus.

Car sa nudité doit être dissuasive. L'abbé Jacques Boileau, auteur en 1677 d'un pamphlet intitulé « *De l'abus des nudités de gorge* », est catégorique. « *Il n'y a point de fille ni de femme qui ne sachent que la nudité d'Ève, dont il est fait mention dans l'écriture, fût une suite et une marque de ses crimes; elle se vit nue parce qu'elle avait pêché et elle connut qu'elle avait pêché quand elle se vit nue* ».

L'image la plus troublante de la nudité d'Ève se trouve sur le pilier d'un des portails de la cathédrale Notre-Dame de Paris. Ève nue mange la pomme, tenant Adam par la main. Ce ne sont pas ses seins qui attirent le regard, mais ceux d'une femme nue s'interposant entre eux. Lilith, personnage démoniaque, dont on sait que, pour sa part, la nudité n'a rien d'innocent.

Paul Gervais : « La Folie de Titania », 1897.

LES FÉES

Les fées n'avaient pas toujours la décence des personnages de Walt Disney. Il leur arrivait de s'exhiber *topless*, mais gare à qui les voyait nues. À moins qu'elles ne mettent leur nudité au service de stratégies amoureuses compliquées.

La ville poitevine de Lusignan est le berceau de Mélusine, la fée mi-femme mi-serpent. Le nom même de la fée voudrait d'ailleurs dire «*Mère de Lusignan*». C'est l'un des personnages essentiels de la mythologie érotique française, une femme tentatrice se voyant parée des attributs du monstre tentateur de la Genèse.

Mélusine venait à la Font de Cé – la fontaine de la soif – déguisée en veuve, quand le seigneur Raimondin l'y rencontra. Séduit, il lui proposa de l'épouser, ce qu'elle accepta à condition qu'il n'essaie jamais de la surprendre le samedi soir. Pendant des années, le marché tint bon. La fée se prit de passion pour l'architecture et construisit la moitié des châteaux du Poitou, tandis qu'elle accouchait régulièrement d'enfants présentant tous quelques bizarreries, dent trop longue, œil torve, etc.

Tout se serait bien passé si Raimondin n'avait voulu savoir enfin ce que sa femme faisait le samedi soir. N'y tenant plus, il jeta un œil derrière le rideau où il entendait Mélusine s'ébattre dans l'eau. Ce qu'il vit le glaça d'effroi : «*Mélusine se baignait dans une moult grande cuve de marbre, en signe de femme jusqu'au nombril et se peignait les cheveux ; et, du nombril en bas, en signe de queue d'une serpente, grosse comme une caque à hareng et moult longuement débattait sa queue en l'eau tellement qu'elle en faisait jaillir jusqu'à la voûte de sa chambre[1]* ». La suite était prévisible : furieuse, la fée s'en va, non sans pousser quelques cris horribles...

Mais notons que Mélusine était « *en signe de femme* » jusqu'au nombril, elle avait donc de beaux seins...

De nombreux villages français se vantaient d'accueillir des fées *topless*. Le village de Boismont offrait jadis un bien joli spectacle. Dans le bois des Sœurettes, près du hameau de Pinchefalise à marée haute, les fées se baignaient nues dans une fosse remplie d'eau de mer. Les voyageurs qui les surprenaient ainsi devaient être à la hauteur, car ces coquines aimaient les hommes !

L'image de la fée, incarnation d'une féminité tentatrice, à la rencontre entre l'ésotérisme et l'érotisme, apparaît à la fin du XVIIIe siècle. Le nu féminin, presque inadmissible dans l'Angleterre puritaine, trouve avec cette thématique populaire une manière de s'exprimer enfin. Les peintres puisent dans l'univers de la pièce de William Shakespeare, « *Le songe d'une nuit d'été* ». La reine des fées, Titania, personnage principal de la pièce, apparait les seins nus, entourée d'animaux fantastiques dans des toiles du peintre romantique Henry Fuseli vers 1790, puis dans les œuvres de Joseph Noël Paton en 1849 ou encore chez Paul Gervais, avec « *La Folie de Tiana* », en 1897. Un sort l'a plongée dans un sommeil profond, avec une malédiction à la clé : elle tombera amoureuse de la première personne qu'elle rencontrera

---

1. D'ARRAS, Jean, *Le Roman de Mélusine*, 1392-1394.

en se réveillant. Comme la vie est cruelle : elle ouvre les yeux sur un dénommé Nick Botton, victime lui aussi d'un sort qui l'a transformé en âne…

C'est donc pour cela que Titania est représentée nue, se réveillant d'un long sommeil, se collant amoureusement contre un âne.

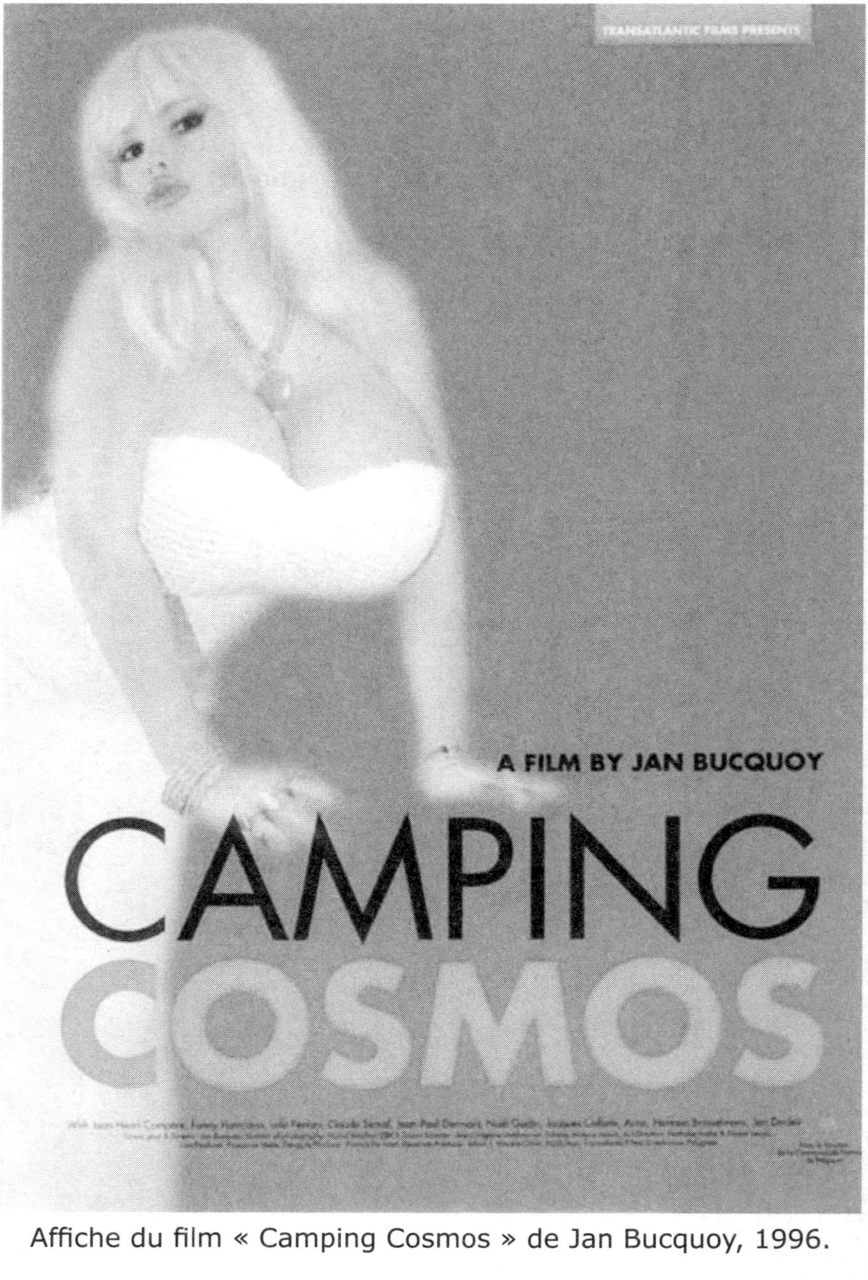

Affiche du film « Camping Cosmos » de Jan Bucquoy, 1996.

LOLO FERRARI

Mais pourquoi a-t-elle fait ça ?

Le 5 mars 2000, la comédienne Lolo Ferrari était découverte sans vie dans sa villa de Grasse. Elle avait 37 ans... Et l'une des plus grosses poitrines artificielles du monde.

Le destin d'Ève Valois est tout entier contenu dans le pseudonyme grotesque qu'elle s'était choisi, faisant doublement référence à ses seins et aux belles carrosseries. Sa carrière commence dans les années 90 avec le début de son œuvre destructrice... Après vingt-cinq opérations de chirurgie esthétique, son tour de poitrine atteint les 180 centimètres et chacun de ses seins contenait trois litres de sérum. Elle était devenue une bête de foire dont chacun des projets artistiques se résumait à l'exhibition de ses attributs plus ou moins dénudés.

Elle apparaît ainsi dans *Camping Cosmos*, un film de Jan Bucquoy, une comédie mettant en scène de manière caricaturale les mœurs des Belges en vacances durant les années 80. Lolo Ferrari y incarne *Madame Vandeputte*, ce qui vaut au film les foudres de la censure flamande et de politiques protestant contre la présence de la jeune femme dans une production faisant l'objet de financements publics.

Par la suite, elle apparaît régulièrement dans des shows, des revues ou des films de plus en plus érotiques. Elle passe de l'émission branchée *Eurotrash* sur *Channel 4* à des nanars aux titres ne laissant pas le moindre doute quant aux intentions de leurs auteurs, « *Planete Boobs* » ou « *Double air bag* ». Elle chante un peu, tente de créer une marque de lingerie grande taille à son nom, ce à quoi la société Ferrari s'oppose…

Puis elle disparut, après avoir incarné à jamais l'image d'une femme à la poitrine monstrueuse et les excès délirants de la chirurgie esthétique.

Et comme aucune leçon n'est faite pour être retenue, les gazettes brésiliennes se font aujourd'hui écho de l'existence d'une starlette nommée Victoria Wild, âgée de 30 ans. Elle s'est dotée, après quelques opérations chirurgicales, d'une poitrine artificielle remplissant lourdement des bonnets de taille *GG*, pour un tour de poitrine dépassant allègrement les 110 centimètres et d'un visage intégralement refait pour ressembler – vaguement – à la poupée Barbie, version gros nibards. Ce qui vaut à cette fille à très gros seins le surnom de *Boneca Humana*, la poupée humaine. Une poupée gonflée.

Jan Massys : « Loth et ses filles », 1565.

LES FILLES DE LOTH

Pourquoi ces deux filles montraient-elles leurs seins à leur père ?

Ce qu'il y a de pratique avec les prétextes bibliques, c'est qu'ils permettent aux peintres de consacrer leurs toiles aux sujets les plus scabreux sans qu'on y trouve à redire. Le thème des « filles de Loth » est l'exemple le plus radical de cette forme de permissivité. Car voici des toiles représentant des jeunes filles dénudées en train de faire des avances sexuelles, ou venant de faire l'amour à un vieillard qui n'est autre que leur propre père, ivre mort. Sous le prétexte assez fallacieux de la perpétuation de l'espèce...

Comme nous le rapporte la Genèse, les villes de Sodome et Gomorrhe viennent d'être détruites par le feu de la colère divine. Loth et sa famille sont les seuls survivants, jusqu'à ce que sa femme se retourne vers la ville en flammes et meure pétrifiée. Loth reste alors seul au monde avec ses filles qui se mettent à cogiter. Comment faire pour que l'espèce humaine puisse perdurer alors qu'il n'y a plus un seul géniteur potentiel à l'horizon ?

L'aînée dit à la cadette : « *Notre père est vieux et il n'y a pas d'homme dans le pays pour venir à nous, comme cela se fait partout. Allons ! Faisons boire du vin à notre père et couchons avec lui ; ainsi, grâce à lui, nous donnerons la vie à une descendance* ».

Aussitôt dit, aussitôt fait ! « *Elles firent boire du vin à leur père cette nuit-là et l'aînée alla coucher avec son père qui ne s'aperçut de rien, ni de son coucher, ni de son lever. Le lendemain, l'aînée dit à la cadette : « Voici ! Hier soir, j'ai couché avec mon père. Faisons-lui boire du vin, cette nuit encore. Et toi, tu iras coucher avec lui. Ainsi, nous donnerons la vie à une descendance issue de notre père* ».

Cette histoire est en tous points étonnante, en particulier si on s'interroge sur les capacités érotiques d'un vieil homme, saoul au point de ne pas se souvenir de la présence de ses filles dans son lit. Peu importe. Les deux filles furent enceintes et donnèrent naissance aux ancêtres d'une longue lignée : la perpétuation de l'espèce était assurée. Mais tout le monde n'est pas dupe de cette histoire de vieillard qui ne comprend rien à ce qui se passe et de braves filles qui ne songent qu'à l'avenir de la famille. Dans « *Les filles de Loth* », un de ses nombreux écrits pornographiques clandestins, Alfred de Musset affirme que la cause principale de cet acte insensé n'était pas la reproduction, mais bien la lubricité.

> « *Le vieux Loth ronflait au fond de sa caverne ;*
> *Assises à côté d'une pâle lanterne,*
> *Ses deux filles en pleurs se rappelaient tout bas*
> *Les plaisirs de Sodome et ne s'endormaient pas.* »

Quant au passage à l'acte, Musset le décrivant se veut encore plus précis, démontrant que Loth était bien conscient de ce qu'il faisait et que la beauté de la poitrine des deux filles n'est pas pour rien dans ce grand dérangement.

> « *Loth avec sa lanterne, a demandé, hagard :*
> *"À qui sont ces tétons dont la blancheur rayonne ?*
> *Ces globes opalins, dont la pointe frissonne ?"*
> *Il jette sur Agass des regards polissons,*
> *Écoute en soupirant les charmeuses chansons*
> *Qu'ensemble ont commencé ses filles toutes nues,*
> *Il croit être à Sodome et sur ses propres filles*
> *Haletant de planter le bâton de famille.* »

Il n'importe ! Ce qui est fait est fait. Au début du XVIe siècle, l'invention de l'imprimerie et la Réforme poussèrent les croyants à lire enfin la Bible et singulièrement l'Ancien Testament. Les peintres furent ainsi légitimés dans leur désir d'en représenter les scènes les plus choquantes, mais faisant néanmoins partie du texte sacré.

En 1565, le peintre flamand Jan Massys présente « *Loth et ses filles* » ; déjà l'une des filles est dépoitraillée et il en est quasiment ainsi pour la plupart des toiles reprenant ce sujet. Non seulement les filles de Loth se dénudent, mais elles se livrent à des parades amoureuses pour réveiller le vieillard qu'elles enivrent.

La Bible a bon dos.

Affiche « Folies-Bergère. Tous les soirs Ilka Demynn », 1891.

LES FOLIES BERGÈRES

Les Folies accueillirent des spectacles coquins. Mais qui étaient les vedettes de music-hall où le public pouvait admirer sans retenue les beautés de la poitrine ?

« Je me décidais à entrer aux Folies Bergères, cet amusant hall aux filles » écrivait Guy de Maupassant, dans « *L'Armoire* ».

Le 2 mai 1869, un café-concert ouvrait ses portes à l'emplacement d'un magasin de literie bizarrement baptisé *Aux colonnes d'Hercule*. Le choix du nom de l'établissement doit beaucoup au folklore érotique du quartier. Les « Folies » ayant la réputation sulfureuse de lieux où tout était permis. Le succès fut immédiat, amplifié par la création de la première revue en 1886.

Les demi-mondaines viennent y aguicher le client. Selon l'historien Robert Burnand : *« Elles occupent, dès huit heures du soir, les promenoirs des Folies Bergères, de l'Olympia, de Parisiana et des cafés environnants »*. Qui ? *« Toutes ces demoiselles aux noms héraldiques, qui peuplent les pentes de Montmartre et les abords du quartier de l'Europe : Léonie Closmesnil, en qui se retrouve, dit-on, quelque chose d'Odette Swann et Laure Hayman, à la fois incendiaire et pudibonde et Alice Howard, Nelly Neustratten, Germaine Thouvenin, Judith Widmer, Lucy de Kern, Gaby de Norval et Liane de Lancy, célèbre entre les impures*[1]*. »*

---

1. Burnand, Robert, *La vie quotidienne de 1870 à 1900*, Hachette, 1964.

Georges Leroy, le héros de « *Bel Ami* » de Maupassant, vient y rôder en compagnie de son camarade de régiment, Forestier. Celui-ci, journaliste installé, lui décrit le genre de femmes de la maison : « *Rien qu'une marque : la soupeuse de l'Américain (un bar), la fille à deux Louis qui guette l'étranger de cinq Louis et prévient les habitués quand elle est libre. On les connaît toutes depuis dix ans ; on les voit tous les soirs, toute l'année, aux mêmes endroits, sauf quand elles font une station hygiénique à Saint-Lazare ou à Lourcines* ». Bref, des prostituées.

Sur scène, les plus belles femmes de Paris étaient également de la partie. Au fil des ans, on put y applaudir Liane de Pougy ou la Belle Otéro. Notons que toute cette agitation échappait parfois à l'attention des propriétaires puisque les Folies appartinrent quelque temps à un couple d'aveugles, Monsieur et Madame Allemand.

Les Folies comptaient quelques personnages extravagants au nombre de ses vedettes, comme Émilie André, dite Émilienne d'Alençon. Née à Paris, le 18 juillet 1869, fille d'une concierge de la rue des Martyrs, elle fut rebaptisée par la prostituée Laure de Chiffreville. Elle débuta dans le spectacle comme dresseuse de lapins, mais son véritable talent tenait à sa beauté. Un de ses admirateurs mondains écrit : « *Son nez insolemment camard et pourtant adorable dans son effronterie est chevauché par les plus beaux yeux du monde, des yeux clairs, malins, qui peuvent être rangés dans la catégorie des agents provocateurs... Sa bouche, tordue de moues d'enfant gâté, ou retroussée par des sourires de sainte-nitouche, appelle irrésistiblement le baiser, comme la rose invite l'abeille et comme le Nord attire l'aimant.* » Elle eut tout Paris à ses pieds et dans son lit. On pourra découvrir sa tombe au cimetière des Batignolles, dans la première division, auprès d'André Breton et Paul Verlaine.

Le music-hall, tel que nous le connaissons aujourd'hui, a été complètement remanié par le nouveau propriétaire, Paul Derval. Sa façade est encore aujourd'hui un appel au libertinage avec ce superbe bas-relief du sculpteur Pico, de style Art déco, représentant la plastique de la danseuse nue Nikolska.

Sur scène, l'apparition de jeunes femmes aux seins nus a fait la célébrité du lieu. Ainsi, durant les années 20-30, les vedettes nues des revues se donnaient encore en spectacle sous de fallacieux prétextes. Mademoiselle Claudia Ionescu se dévêtait lors de tableaux intitulés « *Le réveil de la belle au bois dormant* » ou « *L'Atelier de Benevenutto Cellini* ». La *Revue d'Amour* en 1933 proposait ainsi des tableaux extravagants, comme cette « *cage pourpre* » où on pouvait voir un dompteur à rouflaquettes donnant du fouet pour faire bouger ensemble une douzaine de femmes lionnes aux seins nus. « *Jeune fille en uniforme* » présentait une saynète inspirée de « *Claudine à l'école* », mais dont les jeunes collégiennes n'étaient vêtues que d'une culotte et d'un col *Claudine.* Bref on s'amusait. Certaines danseuses des Folies connurent des destins étranges comme Tania Visirova qui quitta le music-hall pour aller filer le parfait amour avec le roi Zogou Ier d'Albanie. Pas longtemps.

Mais la grande vedette de cette période fut la sculpturale Joséphine Baker qui dansait à peine vêtue de sa célèbre ceinture de bananes. En 1926, Paul Derval réussit à la décider à se déshabiller sur scène dans une revue intitulée « *La Folie du jour* », qui sera suivie par « *Un vent de Folies* » puis par « *En super folies* ». En 1927, Joséphine apparaissait quasi nue accompagnée d'un léopard à l'humeur changeante.

Depuis, des centaines de filles dévoilèrent leurs poitrines sur la scène des Folies Bergères.

Paul Derval, qui dirigea l'établissement de la fin de la Première Guerre mondiale aux années 60, déclara un jour : « *Ah, ces femmes nues... Si je m'avisais de les supprimer, je n'aurais plus qu'à fermer la boutique...* »

Raphaël : « La Fornarina », 1518.

LA FORNARINA

Mais pourquoi désigne-t-elle son sein gauche aux regards ?

À la mort du peintre Raphaël, en 1520, on découvrit dans son atelier une toile dissimulée dans un coffre. Elle représente une jeune femme assise, la tête recouverte d'une sorte de turban, le corps vêtu d'un voile transparent, mais les seins nus. D'une main, elle fait mine de les dissimuler, ce qui attire encore davantage l'attention sur eux. Son regard étrange, ironique et doux, semble chercher celui du peintre qui fait son portrait. Une branche de myrte dans le décor l'identifie à la déesse Vénus.

Cette jeune femme est baptisée *La Fornarina*, la boulangère, car il semblerait qu'elle soit la fille d'un célèbre boulanger, Francesco Luti da Siena. Elle se nommerait Margherita Luti et aurait été le grand amour du peintre. Il la représente à de nombreuses reprises dans ses œuvres, dans « *Le Triomphe de Galatée* », « *La Transfiguration* » ou pour le portrait de la « *Donna Velata* ».

Il s'agit du portrait intime, sensuel, d'une femme aimée. La légende affirme d'ailleurs qu'il serait mort après une nuit d'amour tumultueuse en sa compagnie.

Mais, répétons-nous, pourquoi voudrait-elle qu'on remarque son sein ?

La revue médicale *The Lancet* avança en 2002, sous la plume du journaliste Carlos Hugo Espinel, une hypothèse d'une grande tristesse. La *Fornarina,* en désignant son sein, met en évidence quelques signaux cliniques qui attirèrent l'attention des médecins de la revue dont la forte décoloration de l'aréole… Et si la belle boulangère était atteinte d'un cancer ? Ce que confirme Marc Restellini, commissaire d'une exposition consacrée à Raphaël au musée du Luxembourg en 2002 : « *La Fornarina, ancienne maîtresse du pape, était une femme de légende qui fascinait son entourage. Raphaël la représente avec un sein au contour irrégulier, ce qui semble indiquer un cancer. Elle mourra d'ailleurs quelques mois après l'exécution du tableau vers 1519* ».

Cette image érotique et douce est donc d'une infinie tristesse.

GO TOPLESS DAY

Mais que se passe-t-il ?

Chaque année, le dimanche le plus proche du 26 août, jour de l'obtention, en 1920, du droit de vote des Américaines, des manifestations sont organisées par les militantes américaines pour le droit de se promener les seins nus dans les rues des villes. Le mouvement «*Free the nipple*», soutenu par la chanteuse Miley Cyrus et le mannequin Cara Delevingne, s'indigne contre l'inégalité de traitement entre hommes et femmes, lors de rassemblements dont le plus célèbre se déroule entre *Columbus Circle* et *Bryant Park*, à New York.

Cette manifestation reste presque exclusivement américaine. Elle a ses inspiratrices, comme Chelsea Covington, avocate, blogueuse et activiste féministe qui souhaite faire se lever les barrières entre les genres en autorisant aux femmes ce que les hommes se permettent dès les premières chaleurs : être torse nu dans les parcs, voire en ville. En apôtre du « *bare chested* » elle souhaite simplement pouvoir se promener *topless* ou simplement se baigner les seins nus sur la plage d'*Ocean City*. Donc pour cela, elle se balade *topless* partout où elle a envie de le faire, à vélo à Atlanta ou devant un fast-food de Washington DC au risque de se faire interpeller, ce qui ne manque pas d'arriver.

La réaction du maire d'*Ocean City* fut sans appel : « *There is no constitutional right for an individual to appear in public nude or in a state of nudity* ». (Il n'y a pas de droit constitutionnel pour un individu de se présenter en public nu ou dans un état de nudité.)

Ce qui n'empêcha évidemment pas Chelsea de continuer ses ballades nibars à l'air et les activistes du *Go topless day* de laisser leur soutien-gorge au vestiaire.

John Collier : « Lady Godiva », 1897.

LADY GODIVA

Une femme nue chevauche en amazone un cheval blanc mené par une femme en costume de religieuse. Elle traverse lentement une ville aux volets clos… Une image bien cavalière. Que fait-elle ?

Au XIe siècle, les habitants de Coventry, ville anglaise des *West Midlands,* croulaient sous les impôts injustes que leur soutirait Léodric, comte de Mercie. Rien n'était trop beau pour lui, ni l'embellissement de sa ville, ni l'organisation de fêtes grandioses. Les contribuables n'en pouvaient plus mais, heureusement, une dame charitable vint à leur secours.

Si l'on en croit le chroniqueur Roger de Wendover qui, à la fin du XIe siècle, rassembla quelques anecdotes concernant l'Histoire anglaise dans son ouvrage « *Flores Historiarum* », Dame Godiva, l'épouse de Léodric, vint en personne l'implorer de diminuer les impôts. Le comte accepta à condition qu'elle traversât la ville à cheval, intégralement nue. Connaissant la pudeur extrême de son épouse, il pensait qu'elle s'y refuserait. Pourtant elle accepta !

C'est ainsi qu'un matin elle traversa la ville aux volets clos.

En effet, les habitants de Coventry, par solidarité à l'égard de la femme qui sacrifiait sa pudeur pour sauver leurs économies, décidèrent de bien fermer leurs persiennes pour ne rien voir du spectacle.

Il va sans dire que tous les artistes qui représentèrent la scène n'eurent pas les mêmes scrupules. Ils se séparèrent en deux écoles, ceux qui prêtèrent à Lady Godiva une longue chevelure dissimulant sa poitrine, comme Jules Lefebvre vers 1840, John Collier en 1897, ou le cinéaste Arthur Lubin en 1955, faisant chevaucher Maureen O'Hara la poitrine dissimulée par une abondante chevelure rousse et ceux qui considéraient que Lady Godiva étant tout à fait nue. Il était dommage de ne pas en profiter pour la montrer, comme Adam van Noort vers 1620 ou le sculpteur William Reid Dick qui présente une Lady Godiva *topless*, à jamais triomphante à *Broadgate,* l'une des places de Coventry.

La traversée d'une ville par une femme chevauchant nue est devenue, au fil des temps, l'une des thématiques favorites des amateurs anglo-saxons d'érotisme et d'équitation. De multiples « modèles » ont repris la pose, comme cette inconnue chevauchant nue au *studio 54* de New York, la jeune Ann Gardner seins nus chevauchant un éléphant lors d'une fête à Los Angeles, Kiera Chaplin, arrière-petite-nièce de Charlot, pour le film « *Lady Godiva back to the saddles* », sans oublier des dizaines d'inconnues reprenant la pose, plus ou moins dévêtues, le temps d'une fête locale. On assista à un véritable défilé de femmes nues chevauchant à brides abattues à *Hyde Park* en 2008. Comme nous sommes en Angleterre où la nudité vient souvent à la rescousse des bonnes causes, on assista à une « *charity ride* », une jeune femme en collants couleur chair chevauchant pour attirer l'attention sur les problèmes d'une école de Coventry, évidemment.

Le summum de l'art érotico-équestre étant une photo du mannequin Kate Moss allongée nue sur un cheval blanc qu'elle montait à cru.

Mais la véritable lady était-elle aussi belle ? Une seule personne aurait pu nous renseigner : un dénommé Tom qui désobéit à la consigne de ne pas regarder ce qui se passait dans la rue. Il entrouvrit son volet pour tenter d'apercevoir la poitrine de Lady Godiva. Il fut surpris et on lui creva les yeux ! Son geste a enrichi le vocabulaire anglais d'une expression toujours utilisée, « *A Peeping Tom* », un voyeur.

The American Tribal Love-Rock Musical **HAIR**

book & lyrics by Gerome Ragni and James Rado
music by Galt MacDermot
Original Amsterdam Cast

HAIR

Qu'est-ce qui pouvait justifier pareil scandale ?

Le 30 mai 1969, une vingtaine de soldats – et de soldates ! – de l'Armée du salut envahit le trottoir devant les portes du Théâtre de la Porte Saint-Martin où est présentée la comédie musicale « *Hair* ». Ils arborent des pancartes sur lesquelles on peut lire « *Respect des enfants* » ou « *Parents aidez-nous à sauver nos enfants* », « *Non à la vague érotique* » et chantent des cantiques. Cette intervention de l'association caritative protestante déchaîne les quolibets des spectateurs rassemblés devant l'entrée du théâtre, des jeunes gens chevelus pour la plupart qui entonnent en chœur « *Nous sommes tous des obsédés* ». Les « salutistes » tentent d'envahir la salle et de faire annuler la représentation, en vain.

La comédie musicale « *Hair* » représente à leurs yeux – et à juste titre – la première manifestation destinée au « grand public » présentant une jeunesse libertaire et libertine, en lutte contre la guerre du Vietnam et qui affiche sur scène une insupportable liberté sexuelle ! Les garçons et les filles s'y montrent nus. « Cachez ce sein que nous ne saurions voir » !

La comédie musicale de Galt MacDermot, James Rado et Gerome Ragni, créée en octobre 1967 à New York, illustre tous les aspects de la culture hippie naissante en Californie. Une chanson évoque musicalement l'univers hindouiste avec une ode à Krishna, une autre fait allusion à l'ère du Verseau, *Aquarius* en VO ; le final très « *New age* » est une invocation au soleil… « *Laissons entrer le soleil* ».

Alors qu'est-ce qui peut encore chagriner les hommes en uniforme ? L'absence d'uniforme justement… Le journaliste Yves-André Samères se souvient de l'événement, qu'il raconte dans son blog[1] : « *Juste avant l'entracte : une immense toile peinte recouvrait toue la scène ; la troupe, environ vingt jeunes acteurs, se glissait dessous, puis tous les participants en surgissaient, ayant abandonné la totalité de leurs vêtements sous le cache-poussière. Le rideau tombait aussitôt. Julien Clerc, avec son personnage de Claude Bukowski, était absent de cette séquence* ». La scène ne dure que trente secondes, mais cette nudité choque bien davantage que les seins nus des petites femmes de Paris, sans doute parce qu'elle est intégrale, mais aussi parce que des hommes et des femmes apparaissent nus ensemble.

---

1. http://y-a-s.over-blog.fr/.

Statue de Saint-Anne sur l'île du Levant, ©Matthieu Sontag, License CC-BY-SA.

L'ÎLE DU LEVANT

Mais où se rencontraient les filles désirant bronzer les seins nus avant la vogue du *topless* ? Dans l'île du Levant qui est l'un des berceaux du naturisme français…

C'est le premier lieu naturiste français, voire européen ! Le centre *Héliopolis* a été créé en 1931. Les docteurs Gaston et André Durville firent l'acquisition des soixante-cinq hectares de terrains de l'île n'appartenant pas à l'État, le reste étant occupé par la Marine nationale. Le lotissement fut divisé en parcelles vendues à des occupants acceptant de respecter un cahier des charges stipulant que l'île devait rester « *une simple cité rustique où les amateurs d'air et de soleil viendraient, dans le calme d'une nature splendide, se reposer de la civilisation artificielle des villes* ». Nus de préférence. « *En France*, poursuit Jean-Claude Bologne dans son « *Histoire de la pudeur* »[1], *le naturisme des clubs a fait un premier pas vers le public lorsque ses promoteurs ont acquis le domaine d'Héliopolis à l'île du Levant. Pendant trente ans, la petite île sera le symbole de la lutte pour la nudité. Le 23 juin 1933, un arrêté historique de la municipalité d'Hyères donne ses lettres de noblesse au nudisme : toléré sur deux plages de l'île, il est admis dans le village d'Héliopolis pourvu que le sexe soit voilé d'un triangle d'étoffe, le célèbre minimum, ultime refuge d'une pudeur qui s'en va à vau-l'eau.* » Un minimum, mais évidemment pas de soutien-gorge pour les femmes.

Durant les années 50, l'île du Levant devient le rendez-vous du monde des arts et des lettres. La *Revue naturiste internationale*, en novembre 1958, fait le bilan de l'été passé : « *Après Jean-Louis Barrault et Madeleine Renaud, on vit Simone Valère et Jean Dessailly, venus de Port Cros, l'acteur Jacques Castelot, le chanteur et compositeur Guy Béart invité des docteurs Durville* », ainsi que la stripteaseuse Rita Renoir, qui « *passa un mois à nager et à brunir* ». Celle-ci en profita pour tourner un film, « *Rendez-vous avec la mer* », en 1960.

Dans son ineffable ouvrage intitulé simplement « *Le Nu* »[2], Romi, spécialiste ès-grivoiserie, rappelle l'anec-

---

1. BOLOGNE, Jean-Claude, *Histoire de la pudeur*, Olivier Orban, 1986.
2. ROMI, *Le Nu*, Le Rocher, 1982.

dote suivante : « *En août 1952, le nudisme était bien installé en France, dans plusieurs centres importants et la cause paraissait gagnée, mais les gendarmes continuaient, instinctivement, à veiller sur la décence et la morale publiques, particulièrement autour de ces camps où des particuliers se promènent sans aucun vêtement* ».

La brigade de Bornes, en effectuant une ronde à l'île du Levant, paradis du nudisme, rencontra dans un sentier une nudiste intégrale, qui venait d'Héliopolis. Inculpée d'outrage public à la pudeur, la nudiste se retrouva, en décembre 1952, devant le Tribunal correctionnel de Toulon. Elle fut relaxée, mais se vit infliger une amende de cent francs pour "infraction à un arrêté municipal" ».

Aujourd'hui encore, l'île semble préservée, le nombre des villas n'étant pas extensible. De plus, la plage des Grottes, plage de gravier fin, est la seule de l'île. En revanche, les solariums naturels abondent. Il y aurait cent habitants l'hiver et 2 500 résidants l'été.

C'est un des lieux saints de l'Histoire du sein en liberté.

Salaì : « Monna Vanna ».

LA JOCONDE

Nous la voyons chastement vêtue. Personne n'oserait se poser la question, mais... comment savoir si la Joconde avait de jolis seins ?

La Joconde est connue pour son sourire énigmatique, son allure un peu guindée, le décor bucolique qui l'entoure. Mais que savons-nous d'elle, de sa personnalité, de son identité, quasiment rien, ou si peu de choses. Il s'agirait du portrait de Lisa Gherardini, l'épouse d'un noble florentin nommé Francesco del Giocondo, ce qui lui vaut d'être connue sous cette double identité, Mona Lisa ou la Joconde. Nous savons encore que Léonard de Vinci a réalisé son portrait entre 1503 et 1506 et qu'il emporta la toile dans son long voyage vers la France et Amboise où l'attend le roi François Ier.

Et… Eh bien oui, nous savons également qu'elle a une fort jolie poitrine. Henri d'Orléans, duc d'Aumale, posséda dans ses collections une toile intitulée « *Monna Vanna* », sans doute exécutée par Salai, un des élèves de Léonard de Vinci. Le dessin appartient aujourd'hui au musée de Chantilly. Nous connaissons ce visage, ce sourire, c'est bien Mona Lisa, mais elle est seins nus…

En hommage à cette nudité, l'artiste performeuse Deborah de Robertis, déjà connue pour avoir exposé son sexe en s'asseyant jambes écartées devant « *L'Origine du monde* » de Gustave Courbet, a joué un tour à sa façon à la Joconde. Elle s'en explique : « *Le samedi 15 avril 2017, date de la naissance de Léonard de Vinci, j'ai réalisé une performance sauvage en réincarnant la Joconde lors d'une performance rendant hommage au mythe de son regard* ». Son strip-tease fut vite interrompu par les gardiens du musée.

La Joconde ne perdit rien de son sourire. Le sourire paisible des femmes certaines de leurs charmes, habillées ou dévêtues.

Peter Paul Rubens : « Le jugement de Pâris », vers 1636.

LE JUGEMENT DE PÂRIS

Trois femmes d'une grande beauté s'exposent nues face à un jeune homme qui, tel un maquignon dans un marché de chair humaine, les jauge, observant la courbe d'une hanche ou la rondeur d'un sein. Mais qui est-il ?

Éris, déesse de la discorde, n'a pas été invitée aux noces de Pélée et Thétis, organisées au sommet de l'Olympe en présence de toutes les divinités. Elle en conserve une certaine rancœur et, pour se venger, se livre à son sport favori : semer la zizanie. Face à tous les dieux et déesses réunis, elle jette une pomme d'or sur le sol. Une formule lourde de menaces est gravée sur le fruit : « Pour la plus belle ».

Évidemment, trois déesses, Athéna, Héra et Aphrodite – Minerve, Junon et Vénus – se disputent le titre de plus belle fille de l'Olympe et sont prêtes à se crêper le chignon pour obtenir la pomme.

Zeus est assez rapidement agacé par ce conflit pénible et décide d'y mettre un terme en décrétant qu'un jugement définitif et sans appel serait rendu par un juge impartial. Selon les « *Chants cypriens* », un récit des temps anciens, Zeus ordonna à Hermès de transporter les trois déesses au sommet du mont Isa où se trouvait Pâris, désigné pour devenir ce juge suprême. Pâris est berger, il garde son troupeau, une activité bien peu prestigieuse pour le fils du roi Priam, mais c'était une activité assez banale, une sorte de loisir en aucune manière indigne d'un homme d'action, le héros Enée lui-même ne dédaignait pas garder quelques brebis...

Pâris doit donc désigner la plus belle des trois femmes qui se présentent à lui. Elles sont magnifiques et quasiment nues, de surcroît. Elles ne manquent pas d'arguments pour le convaincre. La déesse Athéna lui promet d'être un grand guerrier quasiment invincible, tandis qu'Héra lui promet le pouvoir. Pourtant, c'est Aphrodite, déesse de l'amour, qui l'emporte en lui promettant qu'il sera aimé par la belle Hélène.

Même sans cela, Aphrodite aurait sans doute vaincu sans combattre, car elle était notoirement la plus belle fille de l'Olympe et la plus libertine. Un mouvement de hanche et un sourire suffisaient pour que tous les dieux, demi-dieux ou simples mortels lui succombent.

Le jugement de Pâris fut évidemment l'un des sujets mythologiques les plus souvent traités par des peintres désirant montrer un groupe de femmes nues à la beauté sans pareille et ceci dès l'Antiquité. C'est ainsi le sujet d'une série de toiles de Rubens qui représenta la scène à plusieurs reprises, comme un catalogue des canons de la beauté charnue au XVIIe siècle. Selon les peintres, les trois déesses sont toutes totalement nues ou partiellement dénudées. Cranach est de ceux-là, qui profitent de l'occasion pour représenter les trois femmes nues sous trois angles différents : de face, de profil et de dos. Cependant un certain nombre d'entre eux ont choisi de ne montrer que la poitrine de Vénus, comme Girola di Benvenuto ou le Primatice, les seins nus de Vénus-Aphrodite constituant alors un argument aussi efficace que la promesse d'être aimé d'Hélène, fille de Ménélas.

Pâris choisit donc la beauté dénudée. Son choix eut pour conséquence indirecte un petit événement géopolitique connu sous le nom de « Guerre de Troie ».

Détail de « La Bataille du pont Milvio », Musée du Vatican, Salle Raphaël Chambre de Constantin, vers 1520.

LA JUSTICE

Elle a les seins nus, comme la gloire, la paix, la vérité, la victoire, l'eau, la république, la richesse, la fortune et la chance ou l'espérance…

Mais on la reconnaît tout de même, car elle porte un bandeau qui l'aveugle, une balance qui l'aide à peser le pour et le contre et un glaive pour sévir.

Le groupe Ladybirds, 1969.

LADYBIRDS

Elles chantaient, certes, mais dans quelle tenue ?

Les téléspectateurs amateurs des pitreries du *Benny Hill Show,* dont elles furent les vedettes féminines pendant près de vingt ans, les connaissaient et les appréciaient, subjugués par leurs phénoménales poitrines. Elles apparaissent également aux côtés de la chanteuse Sandie Shaw, de Marc Bolan ou du mannequin Twiggy. Toujours exubérantes, toujours sexy.

Pourtant, dans ces circonstances, elles étaient presque chastement vêtues, si on compare leur tenue minimaliste à leur habituel costume de scène. Car le groupe *Ladybirds*, principalement composé de Gloria George, Maggie Stredder et Marian Davies, avait pour habitude de se produire sur scène les seins nus. Elles furent *The World's first and only all-girl topless band...*

Cet exemple fut rarement suivi. En France, la chanteuse Rebeka Warrior, du groupe d'electro-pop *Sexy Suchi* finit tous ses concerts les seins nus. Mais elle reste elle aussi une exception.

En comparaison, la chanteuse Catherine Lara qui apparaissait les seins nus sur la pochette intérieure de son album « *Géronimo* », en 1983, semble assez chaste. Elle déclara : « *Je donne quelque chose. La moitié de mon corps. C'est généreux, sain. Et cela justifie le titre de ma chanson préférée "La femme nue"* ».

Quant aux *Ladybirds*, elles ne prirent jamais la peine de justifier quoi que ce soit.

Peter Paul Rubens : « Léda et le cygne », 1600.

LÉDA

Les murs des musées présentent des spectacles qu'il est assez rare de voir « dans la vraie vie », des femmes exposant leurs seins à des oiseaux par exemple. Mais pourquoi font-elles ça ?

La belle Léda, fille de Thestios, roi d'Étolie, était mariée à Tyndare, roi de Sparte. L'homme était assez ombrageux, perturbé par les soucis que lui causait son royaume. Il en est chassé, poussé à l'exil et doit faire appel au demi-dieu Héraclès en personne pour retrouver son trône. Léda ne le trouve pas spécialement rigolo, mais lui reste fidèle, jusqu'à ce que Zeus en personne ne la remarque et décide de la séduire... Et quand Zeus séduit, il se contente rarement d'amours platoniques : Zeus est un obsédé sexuel, prêt à utiliser toutes les ruses pour arriver à ses fins.

Il se déguise donc en cygne et Léda, nue, portée par quelque pulsion zoophile, se donne à lui. Cette union, disons... peu conventionnelle, l'amène à pondre un œuf qui contient Pollux et la belle Hélène en personne. Par la suite, elle eut deux autres enfants, de son époux légitime, Castor et Clytemnestre, qui naquirent pourtant eux aussi dans un œuf. Cette histoire assez peu morale et difficilement crédible inspira évidemment les peintres, qui se firent un plaisir de représenter l'étonnante étreinte entre un cygne aux ailes déployées et une jeune femme aux seins nus.

Léonard de Vinci en personne aurait peint une Léda nue et effarouchée tenant un grand cygne gris par le col. Le peintre Giovanni Francesco Melzi en fit une copie alors même que l'original s'est perdu. Le Corrège pousse l'indécence jusqu'à mettre en scène la nudité de Léda et l'excitation de l'animal dans un décor bucolique, le couple étant entouré d'un grand nombre de personnages, des bergères, des nymphes, qui font semblant de ne pas comprendre ce qui se passe sous leurs yeux. François Boucher peint évidemment une Léda voluptueusement nue faisant mine de repousser Zeus, car, pour l'instant, elle est encore accompagnée par une copine, assez familière, tout aussi nue qu'elle et qui a l'aimable postérieur de Mademoiselle O'Murphy, son modèle favori.

Rubens se fait bien plus précis encore. Léda, nue, vue de profil, est allongée, tandis que le cygne se glisse entre ses jambes. Plus porté sur le vaudeville, le Tintoret présente les deux amoureux après leur étreinte. Le roi Tyndare débarque à l'improviste, Léda repousse le cygne d'un geste ferme, « *Va-t'en mon amour, sinon il va te voler dans les plumes !* »

À la différence de bien des scènes mythologiques que les peintres modernes cessèrent de représenter tant elles semblaient rebattues, les mésaventures zoophiles de Léda firent les délices des peintres proches du surréalisme, pour qui cette histoire d'union contre nature semblait proche de leurs sources d'inspiration habituelles. Salvador Dali représenta sa compagne Gala, nue, tentant de repousser les avances d'un cygne vigoureux, tandis que Paul Delvaux représenta la rencontre entre la belle Léda agenouillée et nue et l'animal, dans le décor étrange et onirique d'une ville endormie.

La belle et la bête.

Billet de 100 francs, 1979.

LA LIBERTÉ GUIDANT LE PEUPLE

Pourquoi les billets de 100 francs français furent-ils parfois refusés par des banques étrangères ?

En 1831, les visiteurs du Salon de Paris découvrent une toile immense d'Eugène Delacroix qui les renvoie aux événements tragiques de l'année précédente. Pendant trois jours, les 27, 28 et 29 juillet 1830, la population parisienne combat sur les barricades pour chasser Charles X, coupable d'avoir promulgué des ordonnances liberticides, et pour porter sur le trône le roi Louis-Philippe Ier. Ces trois journées sont entrées dans l'Histoire sous un nom tapageur, *Les Trois glorieuses*, tandis que la toile, d'abord intitulée « *Scène de barricade* », fut rapidement connue sous son nom définitif, « *La Liberté guidant le peuple* ».

C'est une figure féminine, une femme du peuple, quasiment en guenille, armée d'un fusil équipé d'une baïonnette ; elle domine la barricade de pavés et de cadavres, porte bien haut le drapeau bleu, blanc, rouge de la République et entraîne les combattants du geste et du regard. Un groupe d'hommes monte à l'assaut, l'un porte le béret de l'ouvrier, l'autre le haut-de-forme du bourgeois, un adolescent armé d'un pistolet est à ses côtés. Personne ne semble s'étonner de la tenue de la jeune combattante.

Car elle a les seins nus !

C'est une allégorie, évidemment. Dans l'imagerie républicaine naissante, les allégories sont féminines et dépoitraillées. Celle-ci n'est pas anodine. Delacroix, en peignant ce tableau dans les semaines suivant les événements, est en train de créer de toutes pièces une image promise à une belle destinée. Elle est diversement appréciée, les critiques fustigeant le caractère sordide de la scène ; ces cadavres, ces révolutionnaires en loques poussent le *Journal des artistes* à déclarer que Delacroix avait peint « *Notre belle révolution avec de la boue* ».

Le poète Heinrich Heine y voyait un « *bizarre mélange de Phryné, de poissarde et de déesse de la liberté* ». Cette Liberté est en effet un personnage hybride, reprenant la silhouette robuste d'une femme du peuple, la figure des allégories républicaines apparues dès 1789 : elle porte un bonnet phrygien, le drapeau tricolore et a les caractéristiques propres aux statues antiques : le costume drapé et les seins nus.

Bien vite cette image fut imitée. Elle réapparait régulièrement au fil des événements.

Le jour de la Libération, la chanteuse Anne Chapelle, partenaire à la scène de Johnny Hess, qui composa des musiques pour Charles Trenet et interpréta après-guerre de chansons en hommage à la Résistance, monta sur un véhicule et entonna une vibrante Marseillaise, le sein nu tel une nouvelle Liberté guidant le peuple. Régulièrement, durant des manifestations politiques, il se trouve une jeune femme prenant la pose les seins dénudés, comme lors des manifestations contre l'allongement de la durée du travail au début des années 2010. En juillet 2013, une manifestation à Sofia en Bulgarie était entraînée par une jeune femme dans la tenue dénudée de la Liberté. Plus récemment, c'est la chanteuse Camélia Jordana qui reprit le bonnet phrygien et le costume antique échancré sur son sein nu pour illustrer un numéro de *l'Obs* consacré à ceux qui allaient faire 2016. La toile fut sans doute la plus détournée et l'objet de pastiches de toute l'Histoire de l'art, à égalité avec « *La Joconde* » ou « *Le déjeuner sur l'herbe* ». Ségolène Royal, elle-même, se fit photographier le drapeau national bien en main, vêtue d'une toge assez austère, mais l'idée y était.

Ces seins dénudés apparurent sur les billets de 100 francs de 1978 à 1995, ce qui amena les bureaux de change de quelques pays par trop pudiques à refuser ces coupures jugées indécentes. Cette liberté de guider le peuple en ayant les seins nus gardait toute sa force.

Joos Van Cleve : « La mort de Lucrèce », 1485.

LUCRÈCE

Qu'est-ce qui peut bien pousser une femme nue à transpercer son propre sein à coups de poignard ?

Les historiens Denys d'Halicarnasse et Tite-Live racontent une pénible histoire s'étant déroulée durant le règne de Tarquin le Superbe, septième roi de la dynastie étrusque. Rome était alors en guerre contre les Rutules. Le siège s'éternisait et les généraux, tous plus ou moins de nobles familles, décident de faire une bonne blague à leurs épouses respectives en rentrant en vitesse à Rome pour voir si elles leur étaient fidèles. Ils se doutaient bien qu'elles devaient profiter de leur absence pour batifoler avec des éphèbes.

Toutes, sauf une, la chaste Lucrèce, fidèle épouse de Tarquin Collatin. Sextius Tarquinius – car dans cette histoire tout le monde s'appelle plus ou moins Tarquin –, l'un des princes, que cette sagesse et tant de beauté agaçaient, décida de pénétrer de force dans la maison de Lucrèce et de la violer, en la menaçant d'affirmer qu'elle était consentante si elle refusait ses avances.

Sous la menace, Lucrèce accepta alors de faire l'amour avec son violeur. Mais dès que son agresseur s'en fut allé, elle convoqua son père, son mari et deux ou trois membres de leur famille. Elle leur raconta tout et pour ne pas vivre dans le souvenir de cette humiliation, elle se suicida d'un coup de couteau dans le sein sous les yeux effarés de sa famille réunie.

Cette mort tragique fut à l'origine d'une révolution. Le corps de Lucrèce fut exposé au peuple, le récit de sa mort héroïque souleva la colère des Romains et le roi Tarquin le Superbe ne put jamais plus rentrer en ville. La République était née.

Une histoire aussi émouvante qu'édifiante attira évidemment les peintres, tant elle offrait de fallacieux prétextes pour représenter une femme nue. La scène du viol est représentée sans fard par le Titien : Lucrèce est nue, son agresseur la menace d'un couteau. Le Tintoret présente une scène plus violente ; Lucrèce, les seins nus, est visiblement malmenée par Tarquin, à demi nu lui aussi, qui la traîne sur le sol… Son suicide est aussi l'occasion de la représenter systématiquement dénudée. Debout, face au spectateur du tableau, elle pointe le couteau vers son cœur. Albert Dürer, le Sodoma, Véronèse et des dizaines d'autres se délectent du plaisir d'étaler le sein de la future suicidée. Pour Lucas Cranach, Lucrèce a écarté son vêtement et pointe un couteau vers sa poitrine, elle a les seins nus et le pubis à peine voilé. C'est un de ses sujets favoris, il en peint à la chaîne, comme un fabricant d'images érotiques. Cette morte pour la République serait pour lui un symbole de résistance.

Bizarrement, rares sont les tableaux qui présentent Lucrèce pendant son passage à l'acte : seul le Maître du Saint Sang, dans une toile présentée au Musée des Beaux-Arts à Budapest, montre la lame pénétrant la chair de la femme trop fidèle.

Cette toile réaliste, assez gore, suffit à démontrer à quel point, pour les autres peintres, ce suicide n'était qu'un prétexte à montrer la poitrine dénudée de cette pauvre Lucrèce.

LE MAGAZINE *LUI*

Était-il de bon ton, lorsque l'on était une actrice célèbre, de montrer ses seins dans Lui ?

Une jeune femme blonde, souriante, visiblement nue, est assise dans une caisse renversée. C'est la première couverture du magazine *Lui*.

La comédienne Valérie Lagrange fait alors une brillante carrière au cinéma, apparaissant dans « *Hardi! Pardaillan* » ou les « *Tribulations d'un chinois en Chine* ». Elle incarne la jeunesse et la sensualité de la nouvelle vague de comédiennes blondes et délurées. L'intérieur du numéro la présente, évidemment nue, assise sur sa caisse ou dans un décor de studio, mais dans des positions dissimulant encore ses seins ou son sexe. En page centrale, elle est allongée sur le dos, de profil, le bas du corps dévoilé… C'est la première beauté célèbre se dénudant dans *Lui*.

Novembre 1963, quelques jours avant l'assassinat de John F. Kennedy et la sortie sur les écrans du film « *Les Tontons flingueurs* », le nouveau magazine est mis en vente dans les kiosques français. Franck Tenot et Daniel Filipacchi, forts du succès du mensuel *Salut les Copains* et de leur revue *Jazz Magazine*, décident de poursuivre l'aventure dans l'univers de la presse en créant un équivalent français du magazine américain *Playboy*.

D'autres stars accompagnent Valérie Lagrange dans ce numéro inaugural : Kim Novak, la vedette de « *Vertigo* » d'Hitchcock, l'écrivain Jean Cau, le cinéaste François Truffaut qui tient la page cinéma... Au fil des numéros, sous la direction du romancier Jacques Lanzman, le premier rédacteur en chef, l'équipe s'étoffe. Michel Mardore, critique de la revue *Cinéma* et des *Lettres françaises,* fait la critique des films, succédant à François Truffaut ; le pilote de rallye José Rosinski essaie les nouvelles voitures du moment, *MG, Mini Cooper, Jaguar...* La rubrique *«Entendu pour Lui»* consacre le plus clair de ses colonnes au jazz ou à la musique classique. Le critique de cinéma Jean-Louis Bory chronique les nouveautés littéraires... *Lui* sait choisir ses collaborateurs.

Tout comme *Playboy*, *Lui* s'ouvre sur une longue interview intitulée «*Jusqu'au bout avec*» Goscinny, Jean Genet, Jean Gabin, Michel Rocard ou Georges Simenon... Le magazine fait également appel à la jeune garde du dessin d'humour, amateurs d'humour noir pour la plupart, Bosc, Toni Ungerer, mais aussi Sempé, Wolinski ou Siné... Lauzier propose une bande dessinée érotique. Le dessinateur Aslan, apparu pour la première fois dans le n°7 de *Lui*, tient une place à part dans la revue. Ses dessins d'un hyperréalisme troublant présentent des femmes nues, bien plus nues que les modèles de chair et d'os. Il conservera toujours une avance sur la réalité du magazine, présentant le sillon du sexe de ses modèles alors que les filles de chair et d'os dévoilent à peine leur pubis.

Et puis il y a les filles, nues évidemment, trois par numéro. Au début, elles se présentent en maillot de bain ou chastement dénudées. Elles sont de plus en plus nues au fil des ans. Dans un numéro publié pour le 25ᵉ anniversaire de la revue, avec Lio en couverture et intégralement nue à l'intérieur, Wolinski résume la lente progression de la nudité des modèles. Son personnage demande à sa femme allongée de « *lui montrer ses fesses, comme dans Lui en 1963, ses seins comme dans Lui en 1966, son sexe comme en 71, puis d'écarter les jambes comme en 1973 et largement les cuisses comme dans Lui en 1978, avant de se caresser comme dans Lui en 1980* ». Les filles, des mannequins, des starlettes, restent pourtant très nature. Elles portent des traces de bronzage, les frondaisons pubiennes sont abondantes et sombres, aucune fille ne songe encore à s'épiler, et la plupart des belles blondes de la page centrale sont à l'évidence de véritables brunes.

Elles ne se contentent pas d'être nues, il faut qu'elles aient une histoire. Marcel Duhamel, le créateur de la *Série Noire*, est appelé en renfort pour leur donner un titre, « *La belle de Lui* », « *Pascale une penchée émue* », « *Marie ravie au lit* », « *Cécile sans idylle en Sicile* », « *On ne Nadine pas avec l'amour* », « *La fervente du château* »…

Les jeunes femmes sont parfois de belles anonymes photographiées dans leur environnement professionnel, comme Marie la Foraine ou une dénommée Brigitte, présentée comme l'assistante du directeur artistique de la revue. À la différence des *bunnies* de *Playboy* et leur costume grotesque, entourant Hugh Hefner dans sa piscine, les filles de *Lui* sont de leur temps : libres, indépendantes et jamais rabaissées au rang de potiches ou de décor…

Les lecteurs apprécient surtout d'entrevoir la nudité des vedettes de l'écran, ce qui rattache *Lui* à la longue histoire des revues de charme des années 50 et 60. Jeanne Moreau apparaît dès le n° 2, Mireille Darc dans le n° 5, Jane Fonda dans le n° 8.

Brigitte Bardot est la star du magazine à ses débuts, elle est en couverture du n° 3 et se déshabille peu à peu au fil des mois. Elle apparaît encore chastement enveloppée dans un drap dès le n° 20, puis régulièrement en couverture et quelques fois nue à l'intérieur du magazine... Seule ou accompagnée par Jane Birkin lors d'un célèbre numéro de Noël consacré au film « *Don Juan 73* ».

Au fil des ans, les lecteurs de *Lui* peuvent découvrir les corps dévêtus d'Ursula Andress photographiée par son mari John Derek, ou de la comédienne Pascale Petit. Au fil des décennies, de nombreuses autres comédiennes et chanteuses suivent leur exemple, Sophie Duez, Marie-Christine Barrault, Bernadette Laffont et ses filles, les chanteuses Dani, Stone ou Joëlle d'« *Il était une fois* », des dizaines d'autres encore.

Poser dans *Lui* n'a rien d'infamant, il s'agit même d'un épisode banal d'une carrière de vedette, davantage une forme de consécration qu'une manière de se rappeler au souvenir du public, même si on peut s'interroger sur les motivations de l'ex-animatrice Danièle Gilbert nue dans le numéro de janvier 1988.

George Barbier : «Les Chansons de Bilitis», 1922.

PIERRE LOUŸS

Quel rôle jouaient les seins de ses héroïnes dans les œuvres pornographiques de Pierre Louÿs ? Eh bien, pas le rôle central que nous aurions pu imaginer !

L'écrivain Pierre Louÿs fut sans doute le pornographe le plus flamboyant et lyrique de l'histoire de la littérature, officielle ou clandestine, française. Chaque année de nouveaux textes jusqu'alors bien cachés dans les malles d'héritiers honteux font leur apparition sur le marché des «*curiosas*» et sont désormais presque tous publiés. L'imagination érotique de l'auteur semble n'avoir aucune limite. Il écrit des sonnets, des contes, des pièces de théâtre ou des romans libertins par centaines. Sans oublier des textes autobiographiques, Louÿs tenant divers journaux intimes contenant la liste de ses maîtresses et la description de leurs ébats…

Ces romans, destinés au grand public, fourmillent de descriptions qui restent encore assez chastes. Aline, l'héroïne des « *Aventures du Roi Pausole* », surprise par la naissance de ses seins ? Pierre Louÿs raconte que sa jeune poitrine fut pour elle une *« source de découvertes sans nombre. Ses seins, formés en si peu de temps, conservaient entre ses mains toute leur fraîcheur de jouets nouveaux. Familière (et imprudente), l'enfant qu'elle était demeurée attrapait ces roses fragiles comme des ballons en caoutchouc ; elle essayait de les rapprocher ; elle en chatouillait les pointes pâles ; elle leur faisait mille taquineries… »*

Dans son recueil « *Bilitis* », que Louÿs affirme avoir retrouvé et qu'il a évidemment écrit de la première à la dernière ligne, il donne au sein une dimension qui devrait complaire au fétichiste, comme dans ce « chant » intitulé « *La coupe* » : « *Lykas m'a vue arriver, seulement vêtue d'une exomis succincte, car les journées sont accablantes ; il a voulu mouler mon sein qui restait à découvert. Il a pris de l'argile fine, pétrie dans l'eau fraîche et légère. Quand il l'a serrée sur ma peau, j'ai pensé défaillir tant cette terre était froide. De mon sein moulé, il a fait une coupe, arrondie et ombiliquée* ».

Dans les poèmes plus libertins, la poitrine apparaît à l'heure de la toilette et attire la caresse :

> « *Qui lavera vos seins magnifiques, maîtresse ?*
> *Quelle main lascive épongera leur splendeur*
> *D'un geste délicat, lent comme une caresse*
> *À les faire exulter de joie et d'impudeur ?* »

Encore très banal…

Les textes plus radicalement pornographiques enferment la poitrine féminine dans des rôles de substituts au sexe féminin, comme dans cet extrait d'un petit conte mettant en scène un jeune homme en émoi :

> « *Alors Salomith plaça le membre entre ses deux mamelles, qu'elle serra sur lui comme des cuisses amoureuses et elle dit : « Tu aimes mes seins ? »* Il répondit : *« J'aime tes seins. Ils sont plus beaux que ceux de ta sœur. »* »

Un philologue qui compterait les occurrences des termes anatomiques dans l'œuvre de Louÿs constaterait certainement que les vocables désignant l'érection et les termes décrivant le sexe féminin apparaissent bien plus souvent que les références aux seins. Lorsque le sein est cité, il apparaît comme un substitut du sexe lui-même.

Dans une pièce radicalement pornographique, « *Conette et Chloris* », Louÿs écrit :

> « *Vois mes seins bander entre mes bras*
> *Vois durcir mes tétins dans mes blanches mamelles*
> *Comme deux clitoris à deux notes jumelles.* »

CQFD. Le pornographe le plus prolifique de la littérature française ne concède aux seins qu'un rôle secondaire dans sa grande cosmogonie de l'amour charnel.

SOPHIE MARCEAU

La poitrine de Sophie Marceau est-elle un trésor national ?

En mai 2005, la comédienne Sophie Marceau connaît l'un de ses « incidents de décolleté » qui font la joie des spectateurs et la fortune de la presse people. L'une des bretelles de sa robe s'émancipe brutalement alors qu'elle monte les marches du Festival de Cannes, dévoilant un sein magnifique, immortalisé dans l'instant par des dizaines de photographes. Aussitôt, la France et sa toile s'enflamment, l'incident est vu et revu des milliers de fois sur *YouTube*, mais sans qu'on puisse parler un seul instant de « scandale » à l'image du *nipplegate* impliquant Janet Jackson. La France accueille ce genre d'exhibition avec une certaine retenue, mêlée d'indulgence, d'amusement et d'admiration pour la beauté de l'objet dévoilé.

Il faut dire que la poitrine de Sophie Marceau est quasiment un trésor national. L'actrice a débuté lorsqu'elle était adolescente et a, depuis, régulièrement tourné nue. Pourtant l'apparition de sa poitrine est toujours un événement. Comme lorsqu'en août 2015, un hebdomadaire *people* publie des photos plus ou moins volées de la jeune quinquagénaire émergeant les seins nus d'une piscine. En 2013, au mensuel *Marie-Claire* qui l'interrogeait sur l'impact étonnant que pouvait avoir des photos de ses seins, elle répondit qu'ils devaient avoir « quelque chose de rassurant :

« Ca ne doit pas être sexuel ».

On peut en douter pourtant... Le texte de la chanson « *Assez* », composée par Julien Clerc en 1997, allait dans ce sens :

> *« Assez de ces machins qui griffent...*
> *Assez, assez, assez, assez.*
> *Faut des ronds, faut des courbes,*
> *Des marchands d'marrons, rue Lecourbe.*
> *Faut des ballons, des cerceaux*
> *Et les seins de Sophie Marceau. »*

Alexandre-Évariste Fragonard : «Scène de massacre de la Saint-Barthélemy, dans l'appartement de la reine de Navarre», XIXe siècle.

LA REINE MARGOT

Comment séduisait-elle ses multiples amants ?

Au Louvre, l'histoire des femmes proches du pouvoir se confond avec celle de leur décolleté. Agnès Sorel, favorite officielle de Charles VII, surnommée la «Dame de Beauté», en référence à son domaine de Beauté-sur-Marne, lança en 1445 la mode du sein nu, un seul. Selon Brantôme, au début du règne d'Henri IV, la reine Margot répandit à son tour au palais la mode du décolleté profond, presque jusqu'au bout des seins.

Sa poitrine d'ailleurs était son principal ornement. «*Jamais n'en fut vue si belle ni si blanche, si pleine et si charnue, qu'elle montrait si à plein et si découverte que la plupart des courtisans en mourraient »*. Elle préférait « faire l'amour en hiver » et donnait une écharpe de soie brodée de perles et une bague à chaque homme ayant couché avec elle.

Lorsqu'elle tomba amoureuse de son cousin Henri de Guise, ils se livrèrent à mille folies, faisant parfois *« le péché du monde »* jusque dans les couloirs. On connaît également son aventure avec le sieur de la Mole, qui finit découpé en morceaux, son corps dispersé aux quatre coins de Paris et sa tête enfouie à Montmartre. Elle fut également la maîtresse de Louis de Clermont d'Amboise, qui en profitait dès que possible au point d'être surpris *« alors qu'il la baisait toute en jupe sur la porte de la chambre »*.

Malheureusement, les charmes de la reine Margot servirent aussi d'appât dans le piège que tendit Catherine de Médicis aux dignitaires protestants. C'est le mariage de Marguerite et d'Henri de Navarre qui attira à Paris tous les huguenots qui périrent lors du massacre de la Saint-Barthélemy. Par la suite, la reine séparée de son mari connut la prison, la déchéance et de nombreux amants qui eurent parfois à nouveau un sort tragique. Il ne fallait pas moins pour que naisse une « légende noire » suscitée en particulier par un pamphlet, le « *Divorce satyrique »,* publié en 1607, qui la décrivait comme une nymphomane.

Le décolleté de la reine Margot présenté par les toiles n'a aucune des audaces que lui prêtent ce pamphlet ou les récits de Brantôme. Pourtant, par la suite, la reine Margot fut régulièrement représentée dépoitraillée, comme dans les deux adaptations du roman éponyme d'Alexandre Dumas. Dès 1954, Jeanne

Moreau apparaît le sein dénudé dans le film de Jean Dréville : c'est d'ailleurs l'un des arguments promotionnels du long-métrage. Isabelle Adjani prêta ensuite sa silhouette parfaite au rôle de Margot.

Elle montra, elle aussi, sa poitrine « *si à plein* ».

Élisabeth Vigée Lebrun : « Marie-Antoinette en robe à panier en satin blanc », 1778.

MARIE-ANTOINETTE

Marie-Antoinette, dont la beauté était célébrée, avait-elle de jolis seins ?

Voilà une question bien iconoclaste. Si on en croit le portrait peu flatteur qu'en fit son biographe Stefán Zweig, la jeune reine était d'une telle futilité qu'elle n'en eut pas été choquée ou à peine.

Nous savons grâce à la peintre Élisabeth Vigée Lebrun, qui fit son portrait en 1779, que la reine Marie-Antoinette était une assez jolie personne. Elle « *était grande, admirablement bien faite, assez grasse sans l'être trop. Ses bras étaient superbes, ses mains petites, parfaites de forme et ses pieds charmants. Elle était la femme de France qui marchait le mieux ; portant la tête fort élevée, avec une majesté qui faisait reconnaître la souveraine au milieu de toute sa cour, sans pourtant que cette majesté nuisît en rien à tout ce que son aspect avait de doux et de bienveillant. (...) Ses traits n'étaient point réguliers, elle tenait de sa famille cet ovale long et étroit particulier à la nation autrichienne. Elle n'avait point de grands yeux ; la couleur était presque bleue ; son regard était spirituel et doux, son nez fin et joli, sa bouche pas trop grande, quoique les lèvres fussent un peu fortes. Mais ce qu'il y avait de plus remarquable dans son visage, c'était l'éclat de son teint* ».

Elle était donc « *bien faite, assez grasse* ». Cela veut-il dire qu'elle avait de beaux seins ? Le portrait réalisé par Élisabeth Vigée Lebrun ne nous renseignera pas sur ce point, pas plus que le buste sculpté par Louis Boizot qui la représente assez chastement décolletée. Pour obtenir une réponse satisfaisante à la question, il faudrait plutôt se rendre à la cité de la céramique à Sèvre. On peut s'y procurer une reproduction du « *bol sein* » ou « *jatte téton* », un étonnant objet conçu par le céramiste Jean-Jacques Lagrenée et le sculpteur Louis Boizot, encore lui. L'objet a été spécialement conçu pour la reine Marie-Antoinette qui l'utilisait dans la laiterie du château de Rambouillet. Le roi Louis XVI, son époux complaisant, lui avait fait construire une sorte de pendant du petit Trianon, un bout de village reconstitué par l'architecte Jacques-Jean Thévenet pour que la reine et ses amies viennent y jouer aux bergères et boire du lait... Dans des bols moulés directement sur les seins de Marie-Antoinette. C'est en tous cas la légende associée à cet objet à la forme étonnante. Le bol lui-même a effectivement la forme d'un sein, bien rond, téton vers le bas, posé sur un trépied sculpté représentant une tête et un sabot de bouc. La céramique claire rend à la perfection la couleur et le satiné de la peau féminine. Il en fut fabriqué un grand nombre, destiné au service de la laiterie tandis que d'autres exemplaires étaient rachetés bien plus tard par la princesse Mathilde de Belgique ou par madame Sabatier, l'une des grandes courtisanes du Second Empire. Marie-Antoinette, elle-même, n'eut sans doute pas l'occasion de les utiliser, ni même de les voir, les objets ayant été achevés et livrés quelque temps avant la Révolution.

S'agit-il bien du moulage d'un petit nichon royal ? Il y a de multiples raisons d'en douter, mais la légende est plaisante, même si elle a été principalement colportée par les ennemis jurés de la reine qui souhaitaient accréditer sa réputation de libertinage. Les pamphlets révolutionnaires la décrivaient comme étant :

> « *Plus scélérate qu'Agrippine,*
> *Plus lubrique que Messaline,*
> *Plus féroce que Médicis.* »

Qu'elle dépose le galbe de son sein entre les mains d'un sculpteur accréditait cette thèse.

D'autres jeunes femmes eurent cette idée après elle. Selon la journaliste Agnès Giard[1] : « *Pour fêter ses 40 ans, en 2014, la mannequin Kate Moss aurait signé un contrat avec un célèbre restaurant londonien pour qu'une coupe de champagne soit créée à partir d'un moulage de son sein gauche. C'est l'artiste Jane McAdam Freud, fille du peintre Lucian Freud et petite-fille de Sigmund Freud, qui se serait chargée de cette création.* (…) *En 2008,* poursuit-elle, *une autre mannequin – Claudia Schiffer – avait déjà «prêté» la silhouette stylisée de son sein gauche à Karl Lagerfeld pour que celui-ci fasse produire une coupe de champagne en porcelaine destinée à la marque Dom Perignon, ce qui est très étrange, car les coupes trop évasées ne permettent pas de garder le pétillant d'un alcool.* » Il se trouva une journaliste pour crier à la supercherie. L'Américaine Claire Carusillo affirma qu'il était impossible d'obtenir une forme parfaite en moulant un sein, en appuyant sa démonstration sur le fait que le moulage de ses propres nichons avait donné des résultats bien différents… Ce n'était pas très malin, mais il s'agissait de s'insurger contre la transformation d'un élément de l'anatomie d'une femme

---

1. GIARD, Agnès, *blog* « *les 400 culs* », http://sexes.blogs.liberation.fr

en objet de consommation. Ce qui excuse le ridicule de l'affirmation.

Le sein de Marie-Antoinette fit donc école. *« La Vierge de Sèvres »*, une robe d'apparat corsetée du couturier Hubert Barrère, réalisée en collaboration avec la manufacture de Sèvres, en reprend même la forme pour l'intégrer à une robe au sein – de porcelaine – découvert.

Et si par extraordinaire ce sein est bien celui de la reine, alors oui, Marie-Antoinette avait de bien jolis seins.

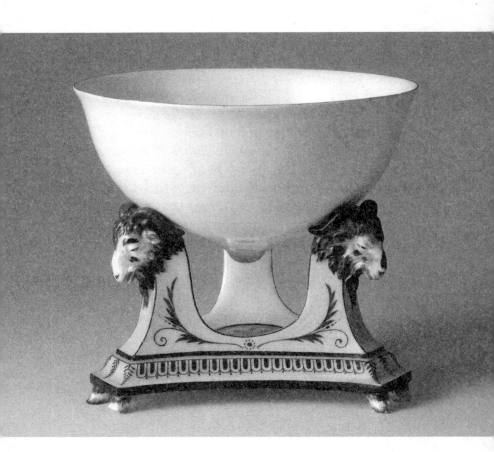

Mata Hari, vers 1906.

MATA HARI

Dansait-elle vraiment nue ? Et qu'avait-elle à cacher ?

Le 13 mars 1905, à l'initiative de Monsieur Guimet, fondateur du Musée et en présence des ambassadeurs d'Allemagne et du Japon, de Cécile Sorel et d'un baron de Rothschild, fut donné le spectacle d'une danseuse nommée Greta Zelle qui allait marquer son temps. Le spectacle, tel que Francis Lacassin[1] nous le rapporte, permet d'assister *« Aux danses sacrées du culte de Siva, interprétées par une jeune femme au corps de déesse à demi voilée de gazes transparentes. L'exécutante avait été baptisée par les brahmanes qui l'avaient initiée et élevée à*

---

1. LACASSIN, Francis, *Passagers clandestins*, 10-18, 2006.

Sumatra ». Le nom de cette jeune femme peut vouloir dire, suivant les traductions, « *Œil du matin* », « *Pupille de l'aurore* » ou simplement « *Le Soleil* ». « *Cette exhibition très plastique et d'intention érotisante se terminait par la fuite gracieuse de la danseuse complètement nue, à l'exception des seins, enfermés dans des coquilles dorées* ». Mata Hari, c'était elle, savait organiser ses sorties. Mais également dissimuler sa poitrine.

Cette nudité incomplète n'est pas sans mystères. En 1903, débarquant à Paris, elle commença sa carrière en devenant modèle pour des peintres, qui devinrent ses amants au passage. Mal élevés, ceux-ci lui firent remarquer que sa poitrine plate et « blette » devait être dissimulée aux regards. Elle dut sans doute enfreindre parfois cette règle si on en juge à ce récit d'un critique de théâtre, Lepage : « *Elle est longue, mince et souple, comme les serpents déroulés que balance en mesure la flûte des charmeurs : son corps flexible épouse parfois les ondulations de la flamme et parfois se fige en ses contorsions, comme la lame flamboyante d'un kriss, alors Mata Hari, d'un geste brutal, arrache à la fois ses ornements, déchire ensemble tous ses voiles. Elle jette au loin les ornements qui cachent ses seins. Puis nue, démesurément grande et blanche, elle s'allonge immensément, toute droite dans les ténèbres* ».

Margaretha Zelle, née le 9 août 1876 à Leeuwarden en Hollande, connut un sort tragique. Danseuse nue, elle ne choisit pas la galanterie pour laquelle elle eut quelques inclinaisons, mais se lança dans la carrière d'espionne avec le succès que l'on sait. Jouant double ou triple jeu, elle espionnait le *Kronprinz* – le prince héritier de l'Empire allemand – pour le compte de la France et les déplacements de sous-marins français pour le compte de l'Allemagne, alors qu'elle était surveillée par *l'Intelligence Service* britannique. Des messages envoyés à Berlin font l'éloge de l'action de « *l'agent H 21* », que la police française identifie comme étant la célèbre danseuse. Mata Hari est arrêtée le 13 février 1917 par deux policiers qui affirmèrent s'être retournés lorsqu'elle sortit nue de la salle de bain, « choqués par tant d'impudeur ».

Ce furent ses derniers spectateurs.

Elle fut fusillée à l'aube du 15 octobre 1917.

François Gérard : « Portrait de Madame Tallien », 1804.

LES MERVEILLEUSES

Pourquoi Madame Tallien montrait-elle ses seins sur les Champs-Élysées ?

Dans son « *Histoire de la pudeur* », Jean-Claude Bologne[1] raconte et commente un curieux événement se déroulant sur les Champs-Élysées : « *La reine des Merveilleuses est alors Thérésa Cabarrus, femme de Tallien, qui passera à la postérité sous le nom de «Notre-Dame de Thermidor». Elle a contribué autant à imposer la mode antique qu'à modérer la fougue révolutionnaire de son mari. Mais c'est elle aussi qui, par ses extravagances, sonnera le glas de la mode du quasi nu. Un décadi de l'an V, sur les Champs-Élysées, elle paraît nue sous une mousseline si transparente qu'elle soulève les sifflets des promeneurs. Elle est accompagnée d'une amie aux seins entièrement découverts.* «*À cet excès d'impudicité plastique, les huées éclatent ; on reconduit dans les brocards et les apostrophes mérités, jusqu'à leurs voitures, ces Grecques en costume de statues* ».

« *Inc'oyable !* » comme disaient alors ces jeunes gens qui, par souci d'élégance, se refusaient à prononcer la lettre « r ». Les robes des élégantes s'inspiraient de la Grèce antique, il y en avait des tuniques « *à la Cérès* » et « *à la Minerva* », des redingotes « *à la Galathée* », des robes « *à la Flore* », « *à la Diane* », « *à l'Omphale* »...

---

1. *Op.cit.*

Dans tous les cas, le tissu était léger, le sein apparent, l'aréole parfois visible. Le peintre Jean-Baptiste Isabey représente Madame Tallien le sein débordant de l'une de ces robes indécentes.

C'était la mode, l'Empire persista dans cette voie, les couturiers offrant aux jeunes femmes de la cour l'occasion de porter des décolletés vertigineux et parfois de laisser pointer un téton turgescent sous une étoffe légère. Le peintre Robert Lefèvre se fit une spécialité des portraits de ces demoiselles impudiques, n'hésitant pas à dévoiler la forme du sein de Pauline, sœur de l'Empereur, sous un voile bien léger.

Incroyable !

Hans Makart : « Charlotte Wolter en Messaline », vers 1875.

MESSALINE

Comment se fait-il que, dans l'univers du péplum, une impératrice romaine soit aussi déconsidérée ? Sans doute parce qu'on l'associait à « l'impératrice des putains ».

Les plus grands noms de la littérature latine colportèrent cette légende libertine. Messaline était la troisième épouse de l'empereur Claude. Celui-ci n'avait pas eu de chance avec ses précédents mariages. Suétone raconte « *qu'il eut deux fiancées, Aemilia Lepida, arrière-petite-fille d'Auguste et Livia Medullina, de l'ancienne famille du dictateur Camille... Il répudia la première encore vierge, parce que ses parents avaient encouru la disgrâce d'Auguste; la seconde mourut de maladie le jour même qui avait été fixé pour ses noces. Il épousa ensuite Plautia Urgulanilla, d'une famille triomphale, puis Aelia Paetina, fille d'un consulaire. Il se sépara de toutes deux par un divorce ; de Paetina, pour de légers torts et d'Urgulanilla, pour de honteuses débauches et sur un soupçon d'homicide* ». Mais ce n'était que le début de ses déboires conjugaux. « *Après elles, il prit en mariage Valeria Messaline, fille de Barbatus Messala, son cousin.* »

Messaline est l'incarnation de la femme lubrique, libertine et totalement dépourvue de moralité. Au point de se livrer à la prostitution pour satisfaire sa légendaire nymphomanie.

C'est le poète Juvenal qui donna corps à la légende en faisant mine de plaindre ce pauvre Claude. Messaline, le visage dissimulé sous une perruque blonde, le trompe de la pire des manières : « *Préférant un grabat au lit impérial, cette auguste courtisane sortait du palais, suivie d'une seule confidente, se glissait, à la faveur des ténèbres et d'un déguisement, dans une loge fétide et misérable, qui lui était réservée. C'est là que, sous le nom de Lycisca, Messaline, toute nue, la gorge retenue par un réseau d'or, dévouait à la brutalité publique les flancs qui te portèrent, généreux Britannicus. Cependant elle flatte quiconque se présente et demande le salaire accoutumé : puis, couchée sur le dos, elle s'abandonne sans mesure à tous les assauts qu'on lui livre* ». Et gare à qui la reconnaît ! Messaline fit assassiner toute personne ayant pu divulguer son honteux secret. Ce qui fut sans doute le cas de ce fonctionnaire impérial qui paya de sa vie sa visite nocturne aux bordels de Suburre.

Puis, elle poussa l'outrecuidance jusqu'à se marier avec son amant, Caius Silius, devenant ainsi bigame et étalant aux yeux du monde son mépris pour l'empereur cocu. Claude, excédé, fit exécuter cette épouse décidément excessive. Elle avait 23 ans !

Depuis, ce tempérament volcanique inspire les cinéastes souhaitant dévoiler l'anatomie d'actrices à la poitrine talentueuses. Maria Felix ou Belinda Lee interprétèrent son rôle assez chastement, malgré de vastes mouvements de toges décolletées et échancrées. Le film « *Messaline, impératrice et putain* » de Sergo Corbucci impose la comédienne Anneka di Lorenzo dans le rôle de la sulfureuse Romaine. Par la suite, elle participa au premier péplum porno, « *Caligula* », de Tinto Brass. Malheureusement, Anneka connut un sort aussi funeste que son personnage : elle fut assassinée et on découvrit son corps nu en novembre 2011.

En 1981, le cinéaste Bruno Mattei, s'inspirant du succès de « *Caligula* », produit « *Caligula et Messaline* » avec la comédienne Betty Roland dont la poitrine largement exposée sur l'affiche fut quasiment le seul intérêt.

D'autres héroïnes proches des empereurs furent également célèbres pour leurs frasques et inspirèrent les cinéastes ; les titres de ces œuvrettes sans conséquence en disent long sur les ambitions de leurs auteurs. « *Poppea, una prostituta al servizio dell'impero* » avec la sculpturale Femi Benussi. Cette jeune femme, qui interpréta également « *Tarzana, the wild girl* » ou « *Nude per l'assessino* », avait un talent certain pour exhiber sa poitrine. Elle mit donc un talent certain à prendre des bains les seins nus.

Le film « *Néron et Poppée* », de Bruno Mattei – un récidiviste – fut rapidement rebaptisé « *Les aventures sexuelles de Néron et Poppée* » en 1982. La folie meurtrière de Néron était le prétexte à la représentation d'orgies mettant en scène la sculpturale Patricia Derek dont ce fut quasiment le seul rôle.

La légèreté des mœurs des épouses des empereurs romains fit toujours le bonheur des amateurs de beauté féminine.

Jean Agélou : « Nu » (Série 061), 1910.

LES MODÈLES

Des dizaines de femmes anonymes ont exposé leurs poitrines, posant nues dans des ateliers au confort parfois rudimentaire. Qui étaient-elles ?

Leurs images en traversant les siècles nous ont donné une connaissance intime des canons de la beauté féminine en leur temps. Nous savons grâce à leur dévouement, leur absence de frilosité comme de pudeurs inutiles, que les contemporaines de Lucas Cranach et de Rubens ne se ressemblaient guère, du moins dans l'idéal. Elles étaient très minces ou opulentes, solidement charpentées chez Rembrandt ou évanescentes chez Botticelli…

Certains modèles ont participé à la grande et belle histoire de l'art.

Ainsi Fernande Barrey, qui débuta à Paris en se prostituant, se distingua par son goût pour le mariage. Convertie au métier de modèle nu pour les peintres de Montparnasse, elle avait rencontré Foujita en mars 1917 au café de la Rotonde et l'épousa treize jours plus tard. Elle continua à vivre de manière assez libre, ce que Foujita acceptait bon gré mal gré, jusqu'à ce qu'elle le trompe avec son propre cousin, le peintre Koyanagi. Foujita, de rage, disparut en s'enfermant trois jours et trois nuits avec Lucie Badoul, plus connue sous le nom de Youki, la neige rose. Fernande en fut désespérée.

Elle posa pour Amedeo Modigliani ou Chaïm Soutine. Quelques photos indiscrètes de la jeune femme nous la montrent nue, ronde et voluptueuse. Elle posa pour un grand nombre de cartes postales érotiques réalisées dans le studio du photographe Jean Agélou (1878-1921). Cette série de photos fait d'elle l'une des ancêtres des pin-up et de Betty Page...

MONOKINI

Quel était donc ce maillot qui ne cachait rien ?

Le 1er juin 1964, le couturier Rudi Gernreich invente un maillot de bain dépourvu de soutien-gorge, le « *monokini* ». L'expression est évidemment formée à partir du mot « *bikini* », qui désigne un petit deux-pièces. Le « monokini » se présente sous la forme d'une grande culotte équipée de bretelles qui se glissent entre les seins en les dévoilant largement.

Le maillot révolutionnaire est présenté une première fois à la piscine *Molitor* par la danseuse Daphné Dayle, le temps d'une série de photos pour le magazine *Life*.

Le mannequin Peggy Moffitt pose également dans cette tenue dans le magazine *Women's Wear Daily*. Cette jeune femme, incarnation des *swinging sixties*, expliquera plus tard qu'elle en fut fort gênée, car elle était « *La descendante des puritains du Mayflower* ».

Près de trois mille monokinis sont vendus l'été suivant, malgré les critiques du Pape, qui n'a sans doute pas mieux à faire. Mais ce n'était tout de même pas l'affaire du siècle. L'année suivante, Rudi Gernreich conçoit une nouvelle pièce de lingerie, le « premier soutien-gorge invisible ».

Mais avant cela, il avait pronostiqué la prolifération des jeunes femmes bronzant les seins nus sur les plages, ce qu'elles firent, en se passant de son monokini.

Chesty Morgan posant pour l'affiche de Deadly Weapons, 1974.

CHESTY MORGAN

Peut-on faire carrière grâce à ses super nichons ?

La comédienne Liliana Wilczkowski, née en Pologne en 1937, alias Chesty Morgan, a fait toute sa carrière à l'abri d'un tour de poitrine phénoménal. Installée aux USA, elle débute dans une troupe de danseuses de cabaret, après la mort successive de ses deux premiers maris.

Elle est repérée – nue – par un producteur qui décide d'exploiter son physique hors norme le temps d'un film, « *Double agent 73* », exploité en France sous le titre « *Super Nichons contre Maffia* ». Le titre anglais faisait référence à son tour de poitrine exprimé en pouces. Le résumé du film en dit long sur ses ambitions. *« Bien qu'elle souhaite se retirer des affaires, Jane Tennay reprend du service à la demande du patron des Services secrets. Sa mission : identifier le chef d'un gang de trafiquants de drogue qui inonde le marché d'une héroïne bon marché. Son arme secrète : un microscopique appareil photo implanté dans le téton de son sein gauche ».*

Ce chef-d'œuvre de la série Z fut qualifié de « pire polar jamais tourné », sans doute par un critique insensible aux exploits mammaires de l'héroïne. Pourtant, selon Christophe Bier[1], critique de cinéma à l'antenne de *France Culture* et amateur de « bizarre », la version

---

1. Christophe Bier, *Obsessions*, Le dilettante – France Culture, 2017.

française du film en dénature le propos et humilie inutilement le personnage interprété par Chesty. En version originale, « *Chesty Morgan n'y est jamais un objet de dérision salace, mais une sorte d'icône catatonique, une illusion lactée, une merveille que John Waters (...) avait rêvé de diriger à son tour* ».

Chesty ne tourna pas avec Waters, mais elle fut remarquée par Federico Fellini qui lui confia un petit rôle de fille à gros seins dans son « *Casanova* » en 1976. Déguisée en nonne dépoitraillée, elle fait la course autour d'une table avec Casanova qui a visiblement envie de l'entraîner vers son lit. Ce sera quasiment la dernière image que nous avons d'elle... Par la suite, elle se produisit sur scène aux USA et en Ontario où elle chantait, même si les spectateurs ne venaient pas forcément pour l'entendre.

En France, le cinéaste Alain Payet, alias John Love, se spécialisa également un temps dans la production d'œuvres pornographiques fondées sur un principe assez voisin, avec ses deux succès, « *La doctoresse a de gros seins* » ou « *Les Lolos de la pompiste* ». Mais les actrices engagées pour l'occasion semblaient bien maigrelettes en comparaison de l'incomparable Chesty Morgan et ses films, précurseurs du «*hard crad*» n'avaient pas l'ingénuité gaillarde des aventures de Super Nichons.

MYRIAM

Mais pourquoi a-t-elle enlevé le haut ?

Le 2 septembre 1981, la jeune mannequin Myriam Szabo apparaît les seins nus sur des centaines d'affiches. La veille, elle était déjà présente en bikini sur ces mêmes affiches avec pour slogan, « Demain j'enlève le haut ».

Chose promise, chose due.

Les photos prises par Jean-François Jonvelle participent à une campagne pour le publicitaire « L'Avenir, l'afficheur qui tient ses promesses ». Quelque temps plus tard, la jeune femme apparaît intégralement nue dans la revue *Photo*.

Edouard Manet : « Nana », 1877.

NANA

Comment la jeune gamine délurée de la *Goutte d'or* réussit-elle à conquérir Paris ?

Le théâtre des Variétés est un haut lieu de la vie parisienne. De « *Mademoiselle Montansier* » à « *La Belle Hélène* » d'Offenbach, du destin de la pauvre Fanny de Marcel Pagnol aux récits d'adultères bourgeois imaginés par Françoise Dorin ou Jean Poiret, la scène de ce très beau théâtre a vu défiler de nombreuses petites femmes. La plus célèbre est une comédienne sans talent, une actrice de papier : Nana.

Le public la découvrit un soir, jouant le rôle de Vénus dans une opérette lamentable intitulée « *La Blonde Vénus* ». « *Elle chantait comme une seringue* ». Elle n'est pas davantage une grande comédienne, « *elle ne savait pas se tenir en scène* ». Pourtant, le public est immédiatement conquis, car « *elle était drôle tout de même, cette belle fille* ». « *Nana était si blanche et si grasse, si nature dans ce personnage fort des hanches et de la gueule que tout de suite elle gagna la salle entière* ». Son apothéose a lieu au troisième acte. À la suite d'une péripétie, sans doute insignifiante, de cette opérette dont on a perdu à jamais le livret, Vénus apparaît dans la demeure de Diane. Et là ! « *Elle était nue avec une tranquille audace. Une simple gaze l'enveloppait; ses épaules rondes, sa gorge d'amazone dont les pointes roses se tenaient levées et rigides, comme des lances, ses larges hanches qui roulaient dans un balancement voluptueux, ses cuisses de blonde grasse, tout son corps se devinait, se voyait sous le tissu léger, d'une blancheur d'écume (...). La femme se dressait, inquiétante, apportant le coup de folie de son sexe, ouvrant l'inconnu du désir. Nana souriait toujours, mais d'un sourire aigu de mangeuse d'hommes* ».

« *Nana,* nous dit encore ce puritain de Zola, *avait pris possession du public et maintenant chaque homme la subissait. Le rut qui montait d'elle, ainsi que d'une bête en folie s'était épandu toujours davantage, emplissant la salle* ».

Nana venait de conquérir Paris, avec les pointes roses de ses seins, « érigés comme des lances ».

NIPPELGATE

Quel objet scandaleux a bien pu bouleverser l'Amérique à ce point-là, en ce mois de février 2004 ? Un sein !

Le *Super Bowl*, la finale du championnat de football américain, est l'événement qui attire le plus grand nombre de téléspectateurs sur les chaînes américaines. Tous les grands noms du rock ont organisé un mini concert durant la mi-temps, œuvrant pour qu'il soit toujours plus spectaculaire et mémorable. Les Rolling Stones, Beyoncé, les Who ou Madonna ont déchaîné les foules, Lady Gaga s'est jetée dans le vide pour enthousiasmer les 90 millions de fans rivés à leur écran. Pourtant, aucun de ces shows n'a eu l'impact planétaire des quelques secondes du spectacle donné le 1er février 2004 par la chanteuse Janet Jackson, en duo avec Justin Timberlake.

Dans une chorégraphie frénétique, Justin doit tirer sur le haut du costume de Janet pour dévoiler son soutien-gorge rouge – un geste qu'on peut trouver déjà d'une grande audace –, mais, maladresse ou préméditation, il tire trop fort et dévoile le sein nu de Janet Jackson, au téton magnifiquement décoré par un piercing en forme d'étoile du plus bel effet. Elle a beau dissimuler son sein au bout d'une fraction de seconde, le mal est fait.

L'Amérique alors se déchaîne, l'affaire prend une ampleur démesurée, le « *nipplegate* » risque de donner un coup d'arrêt définitif à la carrière de la petite sœur de Michael Jackson. Elle doit s'excuser, s'expliquer, se justifier, fondre en larmes... L'hystérie collective s'empare de l'Amérique, les complotistes revoient la séquence des centaines de fois pour y déceler la trace d'une intention ou d'un message maléfique, la Cour suprême est saisie et mettra huit ans pour annoncer enfin qu'elle n'était pas compétente en la matière. Entre temps, la Commission fédérale de régulation des communications (*FCC*) obtient la condamnation de *CBS* à une amende de 550 000 dollars pour sanctionner ce «dysfonctionnement de la garde-robe», condamnation annulée en appel, mais tout de même!

Ce scandale du téton percé en rappelle un autre, bien plus ancien qui concerne la reine Isabeau de Bavière qui au XIVe siècle fit elle aussi scandale par l'exhibition de son piercing du téton, qui s'échappait parfois de ses décolletés vertigineux.

Malheureusement, la télévision n'était pas là pour immortaliser l'événement.

William-Adolphe Bouguereau : « Les Oréades », 1902.

LES NYMPHES

Mais qui étaient ces jeunes filles, si nombreuses et toujours les seins nus ?

Les dieux et les déesses de l'Olympe étaient entourés d'une nuée de jeunes femmes somptueusement belles, parfois vouées à la chasteté, mais aussi souvent gentiment coquines. Les nymphes protégeaient la jeunesse, avec une petite prédilection pour les jeunes filles à peine fiancées, dont elles devaient se sentir si proches.

Il y a autant de nymphes que de circonstances ou de lieux où il est possible de les rencontrer : les Naïades ou nymphes des sources, les Néréides, nymphes de la mer, les Oréades vivant dans les montagnes ou dans les grottes, les Dryades, nymphes des arbres, les Hamadryades installées dans les chênes, les Méliades qui préfèrent les frênes ou les Napées rencontrées dans les prairies, sans oublier les Lampades, porteuses de torches qui faisaient cortège à Hécate lors de ses promenades en sous-sol.

Certaines d'entre elles étaient attachées au service de divinités de premier rang, la déesse Diane était entourée d'une véritable cohorte de beautés dévouées à son service. Il y avait une sorte de hiérarchie parmi elles, ainsi Calypso était d'un grade plus élevé. Elle régnait sur l'île d'Ogygie où se perdit Ulysse. Certaines furent brièvement connues pour quelques aventures parfois libertines. La nymphe Argyre fit mourir Sélemnos de chagrin, Chloris fut la maîtresse de Zéphyr, Derceto, nymphe d'un lac de Syrie, fit l'amour avec le dieu fleuve Caÿstros dont elle eut une fille, Sémiramis, qu'elle abandonna sans autre forme de procès après avoir tué son amant. Dryope coucha avec Apollon et donna naissance au petit Pan qui poursuivit la nymphe Syrinx de ses assiduités au point qu'elle souhaita être transformée en roseau… Quelle famille !

Il va sans dire que ces multiples mésaventures survenant à de jeunes et belles femmes faisaient la joie des peintres qui trouvaient là l'opportunité de représenter parfois un très grand nombre de femmes nues.

Le peintre pompier Jean-Marc Bouguereau se saisit avec délice de ce prétexte en or pour exposer des poitrines féminines dénudées comme dans sa toile, « *Les Nymphes et le satyre* », qui les présente jouant avec un petit monstre qui n'a visiblement pas le dessus. Sa toile « *Les Oréades* » est un festival de chairs dénudées, de poitrines exposées, de postures du corps féminin évoquant l'érotisme le plus radical… Trois satyres semblant cloués au sol, assistent impuissants à l'envol d'une quarantaine de très jeunes femmes nues fendant l'air vers le ciel. Cranach, plus sobre, choisit de monter « *La nymphe à la source* », allongée nue dans un décor champêtre, non loin d'un village fortifié.

Mais la nymphe qui inspire le plus les peintres est cette pauvre Callisto que Jupiter réussit à séduire en se déguisant en fille… En déesse, certes, mais en fille tout de même ! Il prend l'apparence de la déesse Diane, la patronne de Callisto. C'est l'occasion pour François Boucher ou Fragonard de composer une belle image de séduction au parfum saphique très prononcé, une aubaine.

Callisto n'en tomba pas moins enceinte, à Jupiter rien d'impossible !

OBUS

Les seins sont-ils dangereux ?

Depuis les Amazones ou Jeanne d'Arc, l'iconographie guerrière assimile la poitrine féminine – même dissimulée sous une cuirasse – à une arme. Cette présence incongrue sur un corps de soldat n'est pas considérée comme une couche protectrice supplémentaire, mais bien comme un danger...

Les seins font la guerre.

Ils sont parfois « en obus », surtout lorsque la fille est elle-même un « canon ». C'est particulièrement le cas depuis que le milliardaire Howard Hugues, par ailleurs constructeur d'avions, décida de créer un soutien-gorge renforcé, en forme d'obus, pour mettre en valeur la poitrine de son amie Jane Russel dans le film « *The Outlaw* ».

Et dans l'esthétique *SM*, ou dans l'univers du strip burlesque, les seins avec leurs tétons érigés et durcis sont directement assimilés à des mitraillettes. La BD fétichiste en est pleine...

Il fallait s'y attendre, Lady Gaga a repris à son compte cette idée simpliste, mais esthétiquement parfaite. Et comme elle ne fait rien à moitié, ce sont des armes de destruction massive qui jaillirent de ses nibards, faisant la couverture de *Rolling Stone* en juillet 2010.

Le summum en la matière apparaît dans le film «*Austin Power*». L'espion venu des *sixties* doit faire face à des robots femelles aux seins mitrailleurs... Depuis, le film «*Machete Kills*» en septembre 2013 a imposé la silhouette de la belle Sofia Vergara dont le soutien-gorge naturellement bien rempli est équipé de mitraillettes.

Mais est-il besoin pour une femme d'être armée ? Le quotidien *Le Daily Mail* racontait, en novembre 2014, les événements suivants s'étant déroulés dans une pharmacie de la ville de Darmstadt. «*Arrivée vers 16h30 pour acheter un tire-lait, la femme a sorti un billet de 200 euros obligeant la pharmacienne à ouvrir son tiroir-caisse pour lui rendre la monnaie. C'est à ce moment précis que l'impensable s'est passé. La femme a sorti un de ses seins, a pincé son téton et a commencé à asperger la vendeuse ainsi que les clients avec son lait maternel. Vent de panique dans la pharmacie! Ce qui a permis à la femme de plonger sa main dans la caisse et de voler une centaine d'euros.*

Les policiers sont arrivés trop tard sur place et viennent de lancer une enquête pour cette grande première dans le domaine du braquage. Activement recherchée, la femme, âgée entre 35 et 40 ans, a hérité du surnom de Milk Sprayer (pulvérisateur de lait)».

Oui, parfois les seins peuvent être particulièrement dangereux.

Louis Courtat : « Odalisque », 1882.

LES ODALISQUES

Elles ont fait fantasmer des générations d'hommes occidentaux. Allongées, les seins nus, sur des sofas recouverts de tissus précieux, elles semblaient attendre l'aventure. Mais leur sort était-il si enviable ?

Les odalisques n'étaient en effet que des personnages très secondaires au sein des harems, tout au plus des esclaves vouées au service des concubines du sultan. Elles n'avaient qu'une ambition, s'élever dans la hiérarchie des lieux en se faisant remarquer par leur beauté, leurs talents de chanteuse ou de danseuse.

La concurrence était rude, de nombreuses familles étaient prêtes à vendre leurs filles pour qu'elles se lancent à la conquête du pouvoir, jusqu'à la couche du sultan. Pour cela, elles devraient passer du statut très subalterne d'odalisques à celui de servantes des appartements privés des concubines, puis de concubine, en se glissant dans le lit du sultan et pourquoi pas devenir son esclave préférée ou son épouse.

Il fallait donc être vue, se montrer nue! La réalité du harem avait sans doute peu de rapports avec l'image qu'en donnèrent les peintres du XIXe siècle, alors que les premiers colonisateurs découvraient les charmes de l'Orient. Les véritables odalisques restaient la plupart du temps cloîtrées ou vouées à des tâches obscures.

Elles sont pourtant devenues l'une des sources d'inspiration principales des orientalistes, ces artistes qui réussirent à construire une image fantasmée des charmes de l'Orient.

« *La grande odalisque* » de Jean-Baptiste Ingres présente une jeune femme allongée de dos, dans un décor de tentures et de tissus précieux. Son *odalisque à l'esclave* reprend le thème en présentant cette fois la jeune femme allongée de face. Elle ne porte qu'un voile drapé autour des hanches tandis que ses deux bras levés mettent en valeur sa poitrine dénudée. Une esclave assise à ses pieds joue d'une sorte de luth.

Des dizaines d'autres peintres s'emparèrent de ce thème qui permettait d'installer des nus dans un décor oriental. Les modèles sont d'ailleurs très rarement des jeunes femmes dont on pouvait supposer qu'elles étaient originaires de l'Empire ottoman ou de pays arabe, mais qu'importe. Ce n'est pas à ce genre de détail que s'arrêtent des peintres comme Henri Taroux, dont c'est le sujet de prédilection.

L'odalisque n'est bientôt plus qu'une fiction, un motif. Les peintres de la fin du XIXe siècle et du début du XXe, Paul Cézanne, Henri Matisse, Pierre Auguste Renoir s'en emparent sans déroger aux règles du genre : le décor de tentures, de coussins et de voile, quelques éléments de costumes orientaux et bien sûr la poitrine nue, offerte au spectateur.

Les photographes suivirent encore le mouvement, s'emparant du prétexte pour composer leurs premiers nus, dès le milieu du XIXe siècle. Dans une étude intitulée « *Femmes orientales et photographes commerciaux. La construction d'un imaginaire dans la production photographique des années 1860-1880* »[23], l'historien Lionel Gauthier constate que dans ces images, « *les femmes orientales étaient érotisées à l'intérieur* ». Les scènes de harem permettaient de présenter des images de nu. « *Dans ce contexte, pour les photographies de femmes orientales, l'argument ethnographique permettait de rendre acceptables des clichés qui sans cela auraient été mis à l'index. Cette pratique rappelle celle des premiers photographes de nu utilisant l'argument artistique pour légitimer leurs clichés* ».

Man Ray en personne immortalisa Kiki de Montparnasse, à moitié allongée, la poitrine nue sur une banquette orientale.

Les odalisques aux seins nus, pauvres esclaves cloîtrées dans l'attente d'un improbable destin glorieux, n'ont jamais cessé d'être un objet de fantasme.

OUPS !

Que dit-on lorsqu'on dévoile un sein nu ?

Une expression enfantine anglo-saxonne, désignant la stupeur un peu feinte d'avoir fait une bêtise sans trop d'importance, annonce désormais un petit incident vestimentaire dévoilant un téton. C'est devenu un nom commun dans le maigre vocabulaire de la presse *people* sur Internet.

Un « *Oups !* » désigne donc l'apparition involontaire – mon œil ! – d'un bout de nichon lors d'une séance de photos officielles, d'une montée des marches à Cannes, de réceptions de prix aux *MTV Awards*, etc.

Théodore Chassériau : « Baigneuse endormie près d'une source », 1850

ALICE OZY

Mais qui est donc la ravissante jeune femme ayant posé pour la toile « *La Nymphe endormie* » de Chassériau ?

De son vrai nom Julie Justine Pilloy, née à Paris en 1820, la célèbre comédienne fut la maîtresse du duc d'Aumale, du banquier Perrégaux, de Charles Hugo, fils de…, ou de l'écrivain Théophile Gautier, à qui il laissa un souvenir inoubliable. À l'apparition de la toile « *La Baigneuse endormie près d'une source* » en 1850, de Chassériau, la montrant dans son éblouissante nudité, il écrivit :

> « *Pentélique, Paros, marbres neigeux de Grèce*
> *Dont Praxitèle a fait la chair de ses Vénus*
> *Vos blancheurs suffiraient à des corps de déesse*
> *Noircissez, car Alice a montré ses seins nus !* »

Alphonse de Lamartine fut également très impressionné par cette toile, il est lui aussi subjugué par cette poitrine dénudée…

> « *Le doux gémissement de son sein qui respire*
> *Se mêle au bruit plaintif de l'onde qui soupire.* »

Victor Hugo, le père de…, souhaita vivement en savoir plus et découvrir si la beauté du modèle, accessoirement la maîtresse de son fils, égalait celle de cette nymphe endormie. Il lui écrivit…

« Platon disait, à l'heure où le couchant pâlit :
Dieux du ciel, montrez-moi Vénus sortant de l'onde !
Moi, je dis, le cœur plein d'une ardeur plus profonde :
– Madame, montrez-moi Vénus entrant au lit ! »

Elle lui répondit un peu sèchement.

« Grand merci, monsieur ! Les vers sont charmants, un peu légers peut-être si je me comparais à Vénus, mais je n'ai aucune prétention à la succession. »

Décidément cette toile, visible au musée Calvet d'Avignon, fit beaucoup écrire… et jaser. L'Empereur Napoléon III en personne tomba en arrêt devant ce nu admirable et souhaita l'acquérir.

« Mais pourquoi se mettre dans la dépense, puisque vous pourriez vous offrir l'original ? » lui dit alors le plus ingénument son ministre le Duc de Persigny[1].

Ce qu'il fit. Cette liaison fut divulguée au public par les gazettes, en particulier par un dessin grivois présentant la jeune femme avec cette légende…

« Ozy noçant les mains pleines. »

---

1. DE DECKER, Michel, *Napoléon III ou l'Empire des sens*, Belfond, 2008.

LES PAPARAZZI

Pourquoi s'appellent-ils ainsi ?

Les paparazzi sont nés avec la *Dolce Vita*, le phénomène social et le film de Federico Fellini qui le décrit. Marcello est accompagné d'un photographe nommé Coriolano Paparazzo, modèle de tous les futurs paparazzi de la presse à scandale. Lui-même s'inspirait du photographe italien Tazio Secchiaroli.

Les paparazzi sont des chasseurs à l'affût d'images prouvant l'existence d'amours débutantes ou adultères. Un couple surpris main dans la main, des rendez-vous secrets, le sommet du genre fut atteint avec la publication de photos d'un président en exercice sortant un casque sur la tête de l'immeuble où résidait sa nouvelle amie, comédienne de son état.

Pourtant, la pâture habituelle du paparazzo, c'est le sein ! Le sein dénudé, le sein au soleil. Il y a alors une hiérarchie qui se traduit par le montant de la prime touchée par ces chasseurs de scandales et de scoops. Naguère, autres sommets du genre, ils surprirent la nudité d'icônes intouchables, Greta Garbo ou Jackie Kennedy, les seins nus dans leurs résidences inexpugnables.

Aujourd'hui, la vue de la poitrine d'une actrice n'est quasiment plus un événement, tant elles sont prodigues de leur nudité sur les écrans. Il n'en va pas de même pour quelques chanteuses à la mode ou pour ces vedettes plus populaires encore que sont les présentatrices d'émissions de télévision : une photo de leur poitrine et c'est le jackpot pour ces as du téléobjectif.

Mais le *Graal* des mercenaires du téléobjectif a été atteint avec des images exclusives de la poitrine de la nouvelle duchesse de Cambridge, mariée avec le futur roi d'Angleterre.

On peut s'interroger sur le fait que les photos volées de poitrines célèbres ont commencé à proliférer alors même que la nudité sur les plages se banalisait. Aussi voit-on des jeunes femmes dénudées bronzant sur des transats, feuilletant des magazines où posent à leur insu d'autres femmes dénudées, en soupirant « eh bien, elles ne s'en font pas celles-là ! »

Aujourd'hui, signe des temps, les vedettes éphémères de la téléréalité produisent elles-mêmes les photos « volées » et scandaleuses qui finiront sur des sites Internet complaisants, via *Instagram* ou *Twitter*.

Ces jeunes femmes ambitieuses, n'ayant rien d'autre à offrir pour nourrir leur notoriété passagère que leur nudité, sont devenues les paparazzi d'elles-mêmes…

PARIS HOLLYWOOD

Où voyait-on des poitrines pigeonnantes en 3D ?

Après-guerre, la « presse de charme » à la française a été mise en danger par la loi de 1949 pour la protection de la jeunesse, qui dans son article 14 proscrit « *De proposer, de donner ou de vendre à des mineurs âgés de moins 18 ans, les publications de toute nature, présentant un danger pour la jeunesse, en raison de leur caractère licencieux ou pornographique, de la place faite au crime* ».

Durant les années 50, un vent frais vint d'Amérique dont s'inspira immédiatement la presse légère. Les *pin-up*, ces beautés sculpturales, dont l'image est accrochée au mur des chambres de célibataires, renouvellent aussitôt l'esthétique charmante et surannée des revues consacrées aux *frous-frous* de la vie parisienne. Les actrices de cinéma à forte poitrine se retrouvent donc en couverture d'un grand nombre de revues s'intéressant davantage à leurs charmes qu'à leur carrière.

Le bimensuel *Paris Hollywood*, fondé en 1947, offre à ses lecteurs des images affriolantes de vedettes en corset et poitrines pigeonnantes… Ce qui lui vaut bientôt une première interdiction au nom de la loi de 1949 sur la protection de la jeunesse. La revue reparaît sous d'autres titres, *Les Beautés de Paris et Hollywood* et, à l'aube des années 1960, *Les Folies de Paris et de Hollywood*.

Les photos de jeunes femmes dénudées constituent le principal intérêt de la revue. Les plus délicieuses d'entre elles sont signées par le photographe Serge Jacques dont on a reconnu depuis le talent. Chaque série de photographies est plus ou moins scénarisée : « *Le courrier de Nadine* », « *Le solarium* », « *Vive la mariée* », « *Escale scandinave* »… Les numéros spéciaux abondent, proposant des séries sur le nu photographique des origines à nos jours, des reportages sur le *strip-tease*, des cartes postales galantes ou les « plus jeunes modèles actuels », « *Neige et fourrures* », « *Rendez-vous à Paris* », « *Nuits à Broadway* », « *Nudisme 57* », « *Nus d'été* »… On en passe…

La revue sous-titrée « revue d'art photographique pour le plaisir de vos yeux » innove en proposant à ses lecteurs des *pin-up* en *3D*, grâce à l'usage de lunettes bicolores.

Dolly Parton lors d'une réception à la Maison-Blanche en 2006.

DOLLY PARTON

Porte-t-elle vraiment des angelots sur les seins ?

La chanteuse de musique country, aussi célèbre pour son tour de poitrine que pour son répertoire, déclara un jour : « *Ma poitrine est devenue une bombe à retardement* ». Elle faisait vraisemblablement allusion aux conséquences lointaines de ses multiples opérations d'augmentation mammaire.

À moins qu'elle ne fasse allusion aux tatouages qui les décoreraient. Le magazine *Vanity Fair* raconte en 2014 une anecdote dont les héroïnes seraient les comédiennes de sitcom Roseanne Barr et Jennifer Saunders. « *Alors qu'elles tombent sur Parton au restaurant, cette dernière leur demande si elles veulent voir ses tatouages. "Yes, please!". Et Parton de s'exécuter et de leur montrer ses bras et seins couverts d'angelots, de fleurs et de papillons de mille couleurs pastel. Elle eut beau demander aux deux comédiennes de ne pas le répéter, l'occasion était trop belle* ».

La chanteuse septuagénaire a donc quelques secrets encore pour ses fans !

Gérome Jean-Léon : « Phryné devant l'aréopage », 1861.

PHRYNÉ

Une belle poitrine peut-elle vous éviter un châtiment ?

Phryné naquit en Béotie, dans la ville de Thespies, qu'elle quitta rapidement pour rejoindre Athènes. Elle s'installa dans la grande cité où elle savait que sa beauté pourrait l'aider à faire de belles rencontres. Ce qui ne manqua pas d'arriver, la jeune fille vendit ses charmes auprès d'amants illustres, qu'elle choisissait de préférence dans le monde de la politique, des arts et des lettres. Elle rencontra ainsi le sculpteur Praxitèle qui la choisit comme modèle de l'Aphrodite de Cnide.

Cette statue d'une beauté sans pareille la présentait évidemment les seins nus, ce qui était alors une nouveauté dans la représentation de la divinité. La statue déchaîna les passions les plus diverses, un jeune homme réussit à se faire enfermer dans le temple qui l'abritait pour tenter de «s'unir à elle». On raconta qu'il ne resta de sa tentative qu'une légère trace sur le marbre blanc. Aphrodite en personne, la Chypriote, aurait manifesté sa surprise en voyant la statue la représentant. Selon un épigramme de « *L'Anthologie grecque* » traduit au XVIIIe siècle par un abbé érudit, la déesse s'en émeut...

« *Cypris voyant Cypris à Cnide, s'écria : "Hélas, hélas! Où Praxitèle m'a-t-il vue nue ?"* »

Le peintre Apelle choisit également la jeune femme comme modèle pour son Aphrodite Anadyomène, ce qui tendrait à démontrer que Phryné était une assez jolie personne et que sa poitrine devait avoir des charmes dignes de l'Olympe.

Des charmes qu'elle monnaie donc et à des prix exorbitants. Les poètes comiques s'en firent écho : Aristophane lui-même rapporta que la jeune prostituée réclamait dix mille drachmes comme paiement d'une nuit passée en sa compagnie. Elle accumula une telle richesse qu'elle proposa de financer à ses frais la reconstruction des murailles de Thèbes, ce que les édiles locaux refusèrent prudemment. Tout semblait lui réussir jusqu'à ce qu'elle se mêle de religion en décidant d'introduire en Grèce le culte d'une divinité thrace. Cette idée lui vaut d'être accusée par un amant jaloux de vouloir corrompre la jeunesse athénienne. L'accusation était grave et pouvait lui causer les pires ennuis. Et c'est bien ce qui risquait de se passer, car les juges de l'aréopage semblaient convaincus de sa culpabilité et bien décidés à la condamner.

C'est alors que son défenseur, l'orateur Hypéride, eut une idée de génie. D'un geste théâtral, il dévoila la poitrine de Phryné, en leur demandant si une pareille beauté pouvait être coupable. Les juges subjugués jugèrent que non ! Ils n'avaient jamais vu d'aussi beaux seins.

Elle fut évidemment acquittée et depuis, son histoire est la providence des peintres désirant exposer une belle nudité féminine, comme Jean-Léon Gérome, auteur d'une troublante « *Phryné devant l'aréopage* ».

En 2015, l'écrivain Christophe Bouquerel publie un roman intitulé « *La première femme nue* », dont Phryné est l'héroïne.

Par la suite, un décret stipula que les accusées n'auraient plus jamais le droit d'exhiber leurs charmes devant les tribunaux. On n'est jamais trop prudent.

POLITIQUE

Le sein qui conteste… Comment user de sa nudité pour arriver à ses fins ?

Les *Femen* sont l'exemple le plus radical des mouvements de contestation utilisant la nudité du sein comme instrument de propagande. Né en Ukraine en 2008 à l'instigation de l'activiste Anna Hutsol, le groupe de jeunes blondes au corps recouvert de slogans et le front ceint de fleurs commença par dénoncer la présence de réseaux de prostitution à Kiev, avant d'étendre leur action à d'autres pays, dont la France. Elles manifestèrent entre autres devant l'ambassade d'Arabie Saoudite pour protester contre le sort réservé à une militante féministe, s'y distinguèrent en apparaissant les seins nus durant des manifestations du Front national et jusque dans la cathédrale Notre Dame.

Elles ne sont pas les seules à employer ce moyen de populariser leurs revendications.

Au Québec, en 2012, les étudiantes en grève contre l'augmentation des frais d'inscription à l'université prirent l'habitude de défiler les seins nus, à peine décorés au niveau du téton par un carré de couleur rouge. Il s'agissait de démontrer que l'augmentation les laissait littéralement « à poil ».

En Argentine, c'est pour protester contre le machisme ambiant qu'un groupe de femmes défila les seins nus... Au Pérou, en 2016, des femmes se dénudèrent pour protester contre une loi susceptible de limiter le droit à l'avortement. Plus frivoles, des manifestantes défilèrent le sein nu à Brighton pour dénoncer la censure pratiquée par *Facebook* qui refusait la présence de tétons sur les *posts* des contributeurs.

Le site *Slate Africa* rappelle que ce mode de protestation est sans doute né sur le continent africain. Des manifestations de femmes aux seins vinrent défier la puissance coloniale. «*En 1929, au Nigeria, des femmes noires se rebellèrent en masse contre l'autorité coloniale. Dans son livre dédié aux femmes africaines, l'historienne Catherine Coquery-Vidrovitch[1] démontre à quel point les associations de femmes étaient actives et ne reculaient devant rien pour faire avancer leurs idées.*

"Dans la majorité des cas, elles l'emportèrent, au moins momentanément. Les autorités coloniales, désarmées, ne pouvaient plus recourir à la manière forte. On ne massacrait pas les femmes, cela aurait fait scandale ; elles le comprirent très vite et, fortes de leur relative impunité, elles en jouèrent sans vergogne"».

En janvier 2017, un jugement vint donner une forme de légitimité à ce mode de protestation. Comme le rappelle un juriste du site *Les Nouvelles*, «*après le tribunal de Lille, la Cour d'appel de Paris juge qu'une action seins nus de militantes Femen ne constitue pas de l'exhibition sexuelle. Mais d'autres procès attendent. "La jurisprudence se construit", mais "la définition de l'exhibition sexuelle, juridiquement, nous pose toujours problème"*, souligne une de leurs avocates».

---

[1]. COQUERY-VIDROVITCH, Catherine, *Les Africaines. Histoire des femmes d'Afrique du XIXe au XXe siècle*, Paris, Desjonquères, 1994.

Force est de constater que la plupart des manifestations se déroulent les seins nus, comme au Brésil en 2013. Ou au Canada en 2015 pour étendre le droit de se promener les seins nus, droit acquis en Ontario. Leur slogan : « *They're boobs, not bombs* ». En France, pays pourtant très libéral en la matière, un groupe de jeunes femmes investit les piscines parisiennes en 2008 pour protester contre l'interdiction d'y nager les seins nus. Leur nom est tout un programme, les *Tumultueuses*. En Argentine, au début de l'année 2017, des femmes furent interpellées alors qu'elles protestaient les seins nus pour avoir le droit de se baigner dans la tenue qu'elles choisiraient. Elles furent convoquées devant un juge, mais sans conséquence. « *Le fait qu'une femme soit seins nus ne constitue pas un acte qui cause un préjudice à des tiers et ne concerne donc pas les magistrats* » a argumenté le juge Mario Juliano requis pour statuer sur leur sort.

Tenons-le-nous pour dit.

Jean-Marc Nattier : « Madame de Pompadour en Diane », 1746.

LA POMPADOUR

Avait-elle de jolis seins ?

C'est à nouveau une question assez peu élégante, à laquelle il faut répondre que nous n'en savons quasiment rien !

Le diplomate Jean-Nicolas Dufort de Cheverny, dans ses mémoires[25], raconte sa première rencontre avec la future maîtresse royale. « *Mademoiselle Poisson, femme Lenormand, marquise d'Étiolles de Pompadour, que tout homme aurait voulu avoir pour maîtresse, était d'une grande taille de femme, sans l'être trop. Un visage rond, tous les traits réguliers, un teint superbe, très bien faite, une main et un bras superbes, elle avait des yeux plus jolis que grands, mais d'un feu, d'un spirituel, d'un brillant que je n'ai vus à aucune femme. Elle était arrondie dans toutes ses formes comme dans tous ses mouvements* ».

Cet arrondi est le seul indice de la beauté supposée de sa poitrine. La jeune marquise (1721-1764), qui devint la maîtresse du roi Louis XV avant d'en être, le temps des amours passé, sa confidente puis sa conseillère, n'a pas, à la différence de la plupart des favorites royales, été représentée nue par les artistes de son temps pour lesquels elle aurait posé.

Ni François Boucher qui la peignit quatre fois ni Nattier qui exécuta son portrait ne peuvent nous renseigner. Il nous la montre vêtue d'une robe assez stricte. En revanche, Nattier, qui la représenta en Diane chasseresse, est un peu plus indiscret : il la représente dans une pose assez hiératique, légèrement décolletée, mais le téton dissimulé.

Les sculpteurs sont parfois plus indiscrets, la présentant décolletée pour des bustes qui ornèrent des centaines de cheminées. Jean-Baptiste Pigalle se fait plus précis en représentant la marquise un sein nu, incarnant l'Amitié, pour une statue décorant le château de Bellevue : il s'agit d'une œuvre de pure imagination. Étienne Maurice Falconnet est encore plus indiscret, représentant Madame de Pompadour en Vénus, un marbre visible à la *National Gallery of art* à Washington. Il l'imagine avec le sein bien rond tout comme Jean Baptiste Lemoyne la représentant en Pomone.

Mais rien n'indique que la marquise posa pour ces artistes.

Au cinéma, Geneviève Page dans « *Fanfan la Tulipe* » et Micheline Presle dans « *Si Versailles m'était conté* » interprétèrent la Pompadour, la comédienne Hélène de Fougerolles reprit deux fois le rôle, dans un remake de « *Fanfan la Tulipe* » puis dans un téléfilm intitulé « *Jeanne Poisson marquise de Pompadour* », sans qu'on en apprenne beaucoup plus sur les charmes secrets de la marquise...

Nous n'en saurons donc rien. Sinon que Louis XV, grand amateur de belles filles, ne se serait certainement pas amouraché d'une femme imparfaite.

Lazarro Baldi : « L'épouse de Joseph et Putiphar », 1660.

MADAME PUTIPHAR

Mais qui est donc cette femme aux seins nus qui tente de retenir de force un homme dans sa couche ?

De quel conte libertin, de quelle fantaisie érotique les peintres se sont-ils inspirés pour décrire cette situation bien digne d'un fabliau paillard ? D'un épisode de la « *Justine* » de Sade ou d'un pamphlet révolutionnaire décrivant la nymphomanie des grandes dames de la cour ?

Ainsi Lazzaro Baldi représente une femme totalement nue, jaillissant de ses draps pour tirer par le bas de sa tunique un homme qui s'enfuit, tandis que Valerio Castello transforme la scène en une quasi-bataille entre un homme effrayé et une femme aux seins nus, pourtant incroyablement attirante. Le Tintoret franchit une étape de plus en montrant la jeune dame intégralement nue, les seins en bataille, en train d'arracher littéralement une pièce du vêtement de l'homme, décidément peu attiré par ses charmes.

Ce livre libertin, c'est la Bible.

Cet homme se nomme Joseph, l'un des douze fils de Jacob, esclave du pharaon qui devient pourtant l'un des hommes les plus puissants d'Égypte. Ce qui attire les convoitises. La Genèse raconte l'histoire de Putiphar, officier du Pharaon, celui-là même qui a acheté l'esclave Joseph dont il appréciait les qualités, tout comme sa femme !

Madame Putiphar, l'héroïne de cette anecdote, décide de s'offrir le petit esclave, vraisemblablement pas mal, pour se distraire pendant l'absence de son mari. La Genèse précise : « *Il arriva que la femme de son maître portât les yeux sur Joseph et dise : «Couche avec moi !»* ». C'est bien la scène que décrivent les peintres qui extrapolent un peu en dénudant la poitrine de la dame, sans doute pour que ses intentions soient plus visibles. Mais Joseph refuse « *et dit à la femme de son maître : "Voici mon maître et il a remis entre mes mains tout ce qui lui appartient. Il n'est pas plus grand que moi dans cette maison et il ne m'a rien interdit, excepté toi parce que tu es sa femme"* ».

Pas de chance. Elle insiste pourtant. « *Quoiqu'elle parlât tous les jours à Joseph, il refusa de coucher auprès d'elle, d'être avec elle.* »

La scène que préfèrent les peintres, la voici :

« *Un jour qu'il était entré dans la maison pour faire son ouvrage et qu'il n'y avait là aucun des gens de la maison, elle le saisit par son vêtement en disant : "Couche avec moi !" Il lui laissa son vêtement dans la main et s'enfuit au-dehors.* »

C'est un piège. Madame Putiphar fait un scandale. « *Cet homme est venu vers moi pour coucher avec moi ; mais j'ai crié à haute voix. Et quand il a entendu que j'élevais la voix et que je criais, il a laissé son vêtement à côté de moi et s'est enfui dehors.* »

Putiphar croit au mensonge de sa femme et Joseph est jeté en prison. Il n'en sortira que grâce à un rêve que fit son geôlier. Ouf !

Avouons que cette histoire de quasi-tentative de viol conduite par une femme décidée sur un jeune homme rétif avait de quoi séduire les artistes. Le temps d'une adaptation du destin de Joseph en téléfilm, ce fut l'actrice Lesley Anne Warren qui interpréta – assez chastement – le rôle de la tentatrice. En revanche, Joan Collins, la poitrine recouverte de paillettes dans un costume digne du Casino de Paris interpréta Madame Putiphar pour une version de son aventure en comédie musicale. Elle était entourée d'une nuée de filles en collants couleur chair, les seins recouverts de cache-téton. La scène, *kitchissime*, se termine par une sorte d'orgie hollywoodienne. Le film intitulé « *Joseph and the Amazing Technicolor Dreamcoat* », sorti en 1999, propose donc une relecture assez rigolote de la scène, donnant à madame Putiphar les caractéristiques d'une femme mûre mangeuse d'hommes.

Ce qui correspond sans doute davantage à la vérité que les nombreuses toiles la présentent sous les traits d'une très jeune femme.

Jn Jqu Lequeu : « Et nous aussi nous serons mères », 1794.

LES RELIGIEUSES

Les religieuses ayant fait vœu de chasteté auraient-elles, dans le même temps, choisi de vivre les seins nus ?

C'est ce que pouvaient laisser croire quelques photos d'un *strip-tease* réalisé par Brigitte Bardot sur une plage bretonne. Pour cette série publiée par la revue *Playman* en 1974, elle se déshabille jusqu'à finir *topless*, sans jamais quitter sa cornette...

Les religieuses avaient alors, au cinéma, un goût prononcé pour la nudité.

C'est ce que pourrait croire un spectateur peu au fait des mœurs catholiques en découvrant quelques-uns des films produits à la fin des années 70 dans un joyeux désordre érotique et blasphématoire. « *Intérieur d'un couvent* » de Walerian Borowczyk ou « *Les diables* » de Ken Russel imposent comme un sous-genre à part entière ce que les amoureux des films de série B ou Z appellent la *nunsploitation*.

Dès l'origine du cinéma pornographique, lorsque les premiers films étaient tournés dans les maisons closes pour le plaisir de leurs clients, les images blasphématoires abondent. De jeunes femmes sobrement vêtues d'une cornette, sans rien d'autre, avaient des relations sexuelles avec des prêtres. Ce n'est que la version imagée d'une vieille tradition française de la littérature pornographique, mettant en scène des religieux paillards et des nonnettes nymphomanes. Le mémorialiste Nicolas Rétif de la Bretonne a quelques souvenirs de ses nuits parisiennes durant la Révolution française. En parcourant les maisons closes du Palais Royal, il affirme avoir assisté à des spectacles troublants. « *Un peu plus loin, quelques nonnes racontent, toutes nues, des histoires de vœux forcés* ». Les œuvres du marquis de Sade furent illustrées d'un dessin anonyme présentant une bonne sœur dévoilant ses deux seins par un entrebâillement de son costume religieux. Le cinéma agité de l'après 68, inspiré tout à la fois des folies de Luis Buñuel et des délires gothiques, s'empare à nouveau de ce personnage incarnant l'innocence pour le confronter à des abîmes de perversion.

Le cinéaste espagnol Jess Franco donne une version particulièrement érotique et dénudée des « *Lettres d'une religieuse portugaise* », ce roman anonyme qui au XVIIIe siècle avait dénoncé les réclusions forcées de jeunes filles de bonne famille.

Les horreurs de l'Inquisition, les ruses diaboliques d'abbés pervers, les amours saphiques entre jeunes novices, tous les prétextes sont bons pour mettre les religieuses dans une situation imposant de les déshabiller. Il y eut même en 1977 une version religieuse des romans érotiques d'Emmanuelle Arsan, « *Suor Emmanuelle* », avec Laura Gemser[1].

Les nonnes aux seins nus les plus scandaleuses de la décennie se baignaient en sous-vêtements sur une plage de Bretagne, en ayant bien pris soin de conserver leurs

---

1. Pour tout connaître de l'univers des nonnes perverses : FENTONE, Steve, *AntiCristo, the Bible of nasty nun, sinema & culture,* Fab Press, 2000.

cornettes : Brigitte Bardot et Annie Girardot, héroïnes du film de Guy Casaril en 1970, « *La Novice* ». Le temps d'une série de photos promotionnelles, elles arborèrent des soutiens-gorge en voile translucide qui dévoilaient leurs seins nus, jusqu'à ce que *BB* décide de se déshabiller encore davantage.

LA PHILOSOPHIE DANS LE BOUDOIR,

Ouvrage posthume de l'Auteur de JUSTINE.

TOME PREMIER.

La mère en prescrira la lecture à sa fille.

A LONDRES,
Aux dépens de la Compagnie.

M. DCC. XCV.

Sade : « La philosophie dans le boudoir », 1795.

LE MARQUIS DE SADE

À quels jeux érotiques le divin marquis souhaitait-il faire participer les seins ?

De « *La Philosophie dans le boudoir* », du Marquis de Sade, on peut ne pas goûter l'éloge de l'assassinat, mais les descriptions anatomiques sont d'une grande précision et fourmillent de conseils pratiques. Ainsi quand Dolmancé fait à Eugénie un cours sur l'utilisation de ses seins : « *Je ne parlerai point de ces globes de chair : vous savez aussi bien que moi, Eugénie, qu'on les nomme indifféremment gorge, seins, tétons, leur usage est d'une grande vertu dans le plaisir ; un amant les a sous les yeux en jouissant ; il les caresse, il les manie, quelques-uns en forment même le siège de la jouissance et, leur membre se nichant entre les deux monts de Vénus, que la femme serre et comprime sur ce membre, au bout de quelques mouvements, certains hommes parviennent à répandre là le baume délicieux de la vie* ».

On ne peut décrire plus précisément les délices de ce que l'on nomme parfois *une cravate de notaire* ou *Napoléon sur les remparts*. Les Anglais, plus radicalement descriptifs, la comparent à un collier de perles, « *Perl neck* »...

SAINT-TROPEZ

Était-ce vraiment le paradis des seins nus ?

Les « premiers seins nus » apparaissent sur les plages de Saint-Tropez, durant l'été 1964. Immédiatement, les maires prennent toutes sortes d'arrêtés pour en interdire la pratique. Le cas d'une dénommée Claudine focalise les controverses. L'écrivaine Marcella Jacub raconte[1] : « *Au mois de juillet 1964, le propriétaire d'un restaurant d'une plage de Cannes demanda à une jeune femme de jouer au ping-pong dans cette tenue. Son but n'était pas de provoquer l'attroupement qui s'en est suivi, mais de photographier cette demoiselle afin de faire de la publicité pour son commerce. Les deux complices furent condamnés par le tribunal de Grasse le 22 septembre, mais le monokini ne fut pas le principal accusé* ». Le tribunal remarque que l'inculpée s'est exhibée « *moyennant rétribution, à l'instigation d'un individu agissant dans un dessein publicitaire, au cours d'une véritable mise en scène, par un temps gris, sur une plage déserte, avec, au second plan, un panneau de publicité scandaleux* ».

S'ensuit une querelle juridique qui s'achève par la relaxe pure et simple de la délinquante.

En 1970, *Paris Match* titre « *Saint-Tropez, la presqu'île aux seins nus. Chaque année, ses plages réservent une surprise. Cet été, elle prend l'allure d'un événement*

---

1. *Libération*, 10 août 2007.

mondial. Des seins inspirent les grands titres de la presse internationale. Ce ne sont pas ceux d'une vedette dans un film impudique, mais de centaines de filles anonymes. Ils sont nus et au soleil. Au soleil de Saint-Tropez. Il est normal que cette innovation provoque chez certains de l'hostilité. La mini-jupe aujourd'hui acceptée, en dénudant les cuisses en pleine ville, violait un tabou aussi grave ».

C'est tout naturellement à Saint-Tropez que se déroule l'action du film « *L'Année des méduses* », de Christopher Frank en 1984 qui présente les aventures d'une adolescente rebelle et sensuelle qui tourne la tête à un homme dangereux qui se révèle être une sorte de proxénète amateur et qui au passage séduirait volontiers la mère de Chris. Caroline Cellier et Valérie Kapriski, qui interprètent la mère et la fille, sont perpétuellement les seins nus au soleil, ce qui fait de ce film une sorte de document sur les plages de Saint-Tropez, paradis du *farniente*, des bars à cocktails et de la mode *topless*.

Mais les filles aux seins nus devaient tout de même se méfier… Un prédateur rôdait, le « *Gendarme de Saint-Tropez* », chasseur de nudistes. Car c'est en grande partie à Louis de Funès que le petit port varois doit sa réputation internationale de paradis de la nudité et des seins nus.

Pierre Bonnaud : « Salomé », 1900.

SALOMÉ

Presque chaque année, la scène des opéras du monde entier permet de découvrir la plastique de cantatrices chantant partiellement dénuées. Mais pourquoi se déshabillent-elles ?

Comme le savent tous les admirateurs de Rita Hayworth, qui interpréta son rôle dans un film de William Deterle en 1953, le *strip-tease* fut inventé par Salomé, princesse de Palestine. Nous possédons un reportage détaillé de l'événement grâce à saint Marc, notre envoyé spécial en Judée.

Hérode a fait arrêter saint Jean-Baptiste. Hérodiade, la femme d'Hérode, est bien décidée à se débarrasser du saint qui se permet des remarques déplaisantes sur la vie dissolue à la cour – faut comprendre ! Saint Marc nous raconte comment elle s'y prend. « *Hérode, à l'anniversaire de sa naissance, fit un banquet pour les grands de sa cour, les officiers et les principaux personnages. Salomé, la fille de ladite Hérodiade entra et dansa et elle plut à Hérode et à ses convives. Alors le roi dit à la jeune fille : "Demande-moi ce que tu voudras, je te le donnerai"* ». La fille ayant sollicité le conseil de sa mère, réclame en cadeau « La tête de Jean le baptiste » qu'on lui apporte sur un plat.

Remarquons au passage que le seul texte décrivant cet épisode – saint Marc 6.17-28 – ne fait aucune allusion aux aspects techniques de la danse exécutée par la belle. Les sept voiles, lentement ôtés un à un jusqu'à ce que la danseuse apparaisse nue, sont des inventions tardives. C'est Oscar Wilde en personne qui invente le rituel complexe du déshabillage dans sa pièce « *Salomé* », publiée en 1891.

La scène fut régulièrement décrite par des peintres qui y trouvèrent un prétexte charmant et biblique pour dessiner des filles dansant nues sans encourir les foudres des censeurs. Un film de Ken Russel, « *Salomé last dance* », présente Oscar Wilde en personne assistant à une représentation de sa pièce dans un bordel parisien. La danse des sept voiles est interprétée par une prostituée, campée sans pudeur excessive par Imogen Millais-Scott, comme une sorte de rituel obscène.

Mais surtout la pièce d'Oscar Wilde a été adaptée à l'opéra par Richard Strauss en 1904. La scène des sept voiles en est évidemment le morceau de bravoure.

Et c'est pour cela que de jeunes sopranos se livrent sur la scène des opéras du monde entier à des danses lascives dignes des grands shows burlesques et même pires... Karita Mattila finit les seins nus sur la scène de l'opéra Bastille en 2003 ; à Montréal en mars 2011, Nicola Beller Carbone danse quasiment nue, couverte du sang de la tête de saint Jean-Baptiste. Il y en eut quelques autres et des plus spectaculaires. En 1984, Marie Ewing, la mère de la comédienne Rebecca Hall, achève sa danse des sept voiles, intégralement nue, bien campée face au public. Mais la palme de l'érotisme revint à Beate Vollack Danza transformant la danse des sept voiles en une véritable performance sur la scène du *Teatro Carlo Felice* de Gênes.

Hérode en fut très impressionné.

Adolphe la Lyre : « Naïade et dauphin ».

LES SIRÈNES

Elles barbotent les seins nus… Mais où les rencontrer ?

Ô combien de marins, frustrés de présence féminine, ont rêvé de les voir enfin, jaillissant de l'onde bouillonnante. Comme l'écrivait le poète Albert Samain en 1893…

> « *Diaphanes blancheurs dans la nuit émergeant,*
> *Les Sirènes venaient, lentes, tordant leurs queues*
> *Souples et sous la lune, au long des vagues bleues,*
> *Roulaient et déroulaient leurs volutes d'argent.*
> *Les nacres de leurs chairs sous un liquide émail*
> *Chatoyaient, ruisselant de perles cristallines*
> *Et leurs seins nus, cambrant leurs rondeurs opalines,*
> *Tendaient lascivement des pointes de corail.* »

Car elles ont les seins nus, aux « rondeurs opalines » et aux « tétons de corail », de quoi éveiller les libidos endormies par les longs voyages en mer.

Et pourtant, ce ne fut pas toujours leur principale caractéristique. Les sirènes décrites par Homère dans « *L'Odyssée* » n'avaient certainement pas le sein aguicheur et pour cause. Les sirènes de la mythologie grecque sont davantage renommées pour leur talent de chanteuses. Elles montent la garde à l'entrée du détroit de Messine en Sicile et enjôlent les marins pour les dérouter et jeter leurs navires contre les récifs. Ce sont les nombreuses filles du dieu Achéloos et de la nymphe Calliope. On affirme qu'elles s'étaient retrouvées reléguées à ce rôle peu reluisant de naufrageuses après avoir laissé leur amie Perséphone aux griffes du dieu des Enfers.

Physiquement, elles n'avaient rien du physique agréable des beautés aux seins nus affriolant les marins : elles ressemblaient davantage à de drôles d'oiseaux à la voix pénible. Ce sont les mythologies nordiques qui les transformèrent en objets de fantasmes. Le « *Konungs sjuggsjà* », une sorte de roman d'initiation écrit vers 1250, décrit l'une d'elles comme un monstre de grande taille, ressemblant à « *une femme en haut de la ceinture, car ce monstre avait de gros mamelons sur la poitrine, comme une femme, de longs bras et une longue chevelure et son cou et sa tête étaient en tout formés comme un être humain* ». Pour le reste, il s'agit bel et bien d'un monstre marin. Par la suite, un moine irlandais les décrivit comme nanties d'une queue de poisson ajoutant au passage qu'elles étaient vierges, mais ceci explique sans doute cela.

Hans Christian Andersen, dans son célèbre conte « *La petite sirène* », ne cache rien de leur activité favorite. Ce sont des naufrageuses ! « *Souvent, le soir, les cinq sœurs, se tenant par le bras, montaient ainsi à la surface de l'eau. Elles avaient des voix enchanteresses comme nulle créature humaine et, si par hasard quelque orage leur faisait croire qu'un navire allait sombrer, elles nageaient devant lui et entonnaient des chants magnifiques sur la beauté du fond de la mer, invitant les marins à leur rendre visite.*

Mais ceux-ci ne pouvaient comprendre les paroles des sirènes et ils ne virent jamais les magnificences qu'elles célébraient ; car, aussitôt le navire englouti, les hommes se noyaient et leurs cadavres seuls arrivaient au château du roi de la mer ».

De belles femmes dangereuses aux seins nus, mais dangereuses tout de même, ce que Victor Hugo confirme en les mettant au rang des monstres…

> « *Cauchemars entrevus dans le sommeil sans bornes*
> *Sirènes aux seins nus, mélusines, licornes…* »

Néanmoins, elles inspirèrent des œuvres d'une grande variété, insistant sur leur beauté plastique, comme les toiles d'Adolphe La Lyre, qu'on surnommât « Le peintre des sirènes » ou des films comme « *Tarzan and the Mermaids* » en 1948 qui voyait l'homme singe affronter une peuplade de femmes pêcheuses de perles, plus proches des Amas que des sirènes, mais bien jolies tout de même. On les retrouve ici ou là, dans « *Pirates des Caraïbes, la fontaine de Jouvence* » en 2011, dans un clip de Lady Gaga et bien sûr dans de nombreuses versions édulcorées de leur légende ou du conte d'Andersen, des dessins animés ou des films pour enfants qui ne permettaient pas à leurs réalisateurs d'exposer la nudité charmante des femmes poissons *topless*.

Et d'ailleurs, en 2017, le réseau social *Facebook* a décidé de supprimer, en raison de « sa nudité », une photo de la sculpture de la Petite Sirène, située sur un rocher dans le port de Copenhague.

Dangereuses un jour, dangereuses toujours.

Il existe également des sirènes de rivière. La Vouivre, cet être étrange mi-femme mi-serpent, apparaît dans un grand nombre de légendes en Bourgogne et dans le Jura. Elle se baigne parfois dans la source de la Fuge. Dans son roman[1], Marcel Aymé nous met l'eau à la bouche en racontant une rencontre entre la belle – splendide et nue – et un paysan prénommé Arsène. « *La Vouivre, jaillie tout entière dans le soleil, s'était arrêtée devant l'embouchure du ruisseau qui avait déposé à cet endroit un lit de menus graviers. (...) Arsène, étonné par la splendeur de son corps, n'éprouvait aucune gêne à le contempler. Il y voyait ce qu'il n'avait guère soupçonné jusqu'alors dans la créature humaine et qu'il savait pourtant admirer chez un beau cheval : une noblesse, une harmonieuse liberté et économie des lignes, qui lui procuraient une sensation d'allégement* ».

Mais comme les sirènes des mers, la Vouivre et ses consœurs des rivières sont des êtres dangereux.

Belles, nues et dangereuses.

---

1. Aymé, Marcel, *La Vouivre*, Gallimard, 1943.

Jean Fouquet : « Agnès Sorel en vierge à l'enfant », 1452.

AGNÈS SOREL

Pourquoi montrait-elle son sein ?

Les quelques portraits que nous connaissons d'Agnès Sorel, pour la plupart posthumes, nous la présentent mince, la peau laiteuse, le front haut, les sourcils épilés et le sein apparent.

Un seul !

Pendant dix ans, elle fut considérée comme l'une des plus belles femmes du royaume et l'arbitre des élégances. Demoiselle de compagnie d'Isabelle de Lorraine, elle se fit remarquer par le roi Charles VII et se glissa dans son lit. Agnès Sorel n'apparut pas forcément les seins nus à la cour, mais elle devait être très largement décolletée jusqu'à la lisière du mamelon. On lui prête d'avoir pour ainsi dire inventé le décolleté, en dénudant largement ses épaules et sa poitrine, qu'elle avait haute, le sein menu et rond. Bien rond même, si on en juge à certains de ses portraits. Vers 1452, le peintre Jean Fouquet immortalisa la situation en peignant Agnès Sorel sous les traits de la Vierge à l'enfant pour le « *Diptyque de Melun* ». Cette toile, qui se trouve aujourd'hui au Musée royal d'Anvers présente la belle le sein gauche jaillissant d'un corsage délacé. Le château royal de Loches contient un second portrait – d'après Fouquet – qui représente à nouveau Agnès Sorel le sein gauche à nouveau dévoilé, sans le prétexte de l'allaitement.

Selon l'historien d'art Johan Huizinga, les portraits dénudés d'Agnès exhalaient un « *parfum de blasphème* ». Comment en douter ?

Agnès est morte à 28 ans, sans doute empoisonnée, comme une enquête récente effectuée à partir de ses restes tend à le démontrer. Un chroniqueur contemporain, Jacques Du Clercq[1], avait déjà évoqué cette hypothèse :

« *Et certains dirent aussi que le dauphin avait déjà fait mourir une damoiselle nommée la belle Agnès, laquelle était la plus belle femme du royaume et totalement en amour avec le roi son père* ».

---

1. *Mémoires de Jacques Du Clercq : escuier, sieur de Beauvoir en Ternois, commençant en 1448 et finissant en 1467*, Librairie Foucault, 1826.

Le dauphin, futur Louis XI, n'était pas un rigolo, la poitrine dénudée de la petite amie de son père ne pouvait que lui déplaire... Mais montrait-elle réellement son sein ? Le chancelier Jean Jouvenel des Ursins affirmait en tous cas qu'elle portait des robes *« aux ouvertures de par devant par lesquelles on voit les tétons »*.

Brassière vers 1900.

SOUTIEN-GORGE

Mais comment soutenir ses seins ?

Le sein n'a jamais été réellement livré à lui-même, comme si on craignait sa chute, ou qu'il se montre trop. Nous ne savons pas si nos ancêtres des cavernes portaient des peaux de bêtes pour dissimuler ou soutenir leurs seins préhistoriques. Les Vénus découvertes dans les cavernes nous les représentent nues, avec davantage de fesses que de poitrines.

Les femmes de l'Antiquité ne connaissaient pas davantage le soutien-gorge. Nous découvrons la « Femme aux serpents » une déesse du Minoen, les seins nus sous une petite veste *Spencer*. Les amies de Cléopâtre sont toujours représentées les seins nus, tandis qu'en Grèce, les femmes commencent à ne porter des sous-vêtements que pour cacher leurs formes. Les *mastodeton* sont des bandelettes qui dissimulent les seins et sont censées empêcher la croissance de fortes poitrines. Les femmes de Sparte portent pour leur part des bandelettes ne comprimant parfois qu'un seul sein. Les Romaines dissimulent également ce qu'elles peuvent avec le *strophium* ou le *taenia*, de grandes bandelettes qui occultent la forme des seins et les tétons sous les robes légères.

Cela n'empêche pas les statues de Vénus et de Diane de dévoiler leur poitrine.

Au début du Moyen-Âge, les femmes vont faire preuve d'audace en portant des corsets qui font pigeonner leur poitrine, jusqu'à ce que cette pratique soit interdite. Les femmes ne portent dès lors plus rien, leurs seins vivent leur vie sous la chemise. Il en sera ainsi jusqu'au début de la Renaissance avec le retour du corset et ses effets sur la silhouette féminine. Le sein se fait à nouveau fier et altier, il déborde même du corsage d'Agnès Sorel, maîtresse du roi. Le corset n'est pas vraiment un soutien-gorge, il en joue à peine le rôle.

Au XVIIe siècle, l'architecte Jean Felibien, fervent partisan de l'harmonie et de la symétrie en toutes choses, définit ainsi la beauté du sein : « *La poitrine doit être blanche et charmante, ni trop grande ni trop petite ; les seins égaux en rondeur et fermeté, s'élevant et très distinctement séparés* ». Il n'est pas question pour autant de le soutenir.

Au fil des modes, les décolletés changent de forme et de profondeur, carrés à la cour d'Anne de Bretagne, plus bas en lisière du mamelon durant le XVIIIe siècle libertin. À la fin du siècle, entre la Terreur et l'Empire, les femmes de la haute société exhibent leur poitrine nue sous des tissus de plus en plus légers.

Le corset revient en force au XIXe siècle quand la bourgeoisie remplace la noblesse dans les salons. L'austérité des mœurs s'impose par la tenue des épouses des nouveaux maîtres de l'industrie. Seules les femmes légères exhibent leurs poitrines en jouant du décolleté vertigineux.

Le soutien-gorge apparaît. Les corsets de la marque *Bien-être* se composent d'un serre-taille et d'une partie soutenant les seins. Nous y sommes presque.

Vers 1905, la brassière, qui soutient la gorge, s'impose progressivement. L'invention officielle du *soutif* date de 1913 lorsque Mary Phelps Jacob met au point sa «brassière», composée de deux triangles de tissu reliés ensemble. C'est malheureusement la guerre qui en impose l'usage : les femmes qui travaillent sont beaucoup plus à l'aise qu'avec un corset. La mode des années folles, plus fluide, plus près du corps, participe à son développement. Les «garçonnes» l'adoptent, réduit à sa plus simple expression.

Viennent les années 40 et 50, la mode des grosses poitrines soutenues par des soutiens-gorge qui donnent à leur poitrine la forme d'obus. Les poitrines phénoménales de Marylin Monroe, Jane Mansfield et Sofia Loren mettent au défi les lois de la pesanteur. Jane Russel porte un soutien-gorge renforcé par des baleines destiné à mettre en valeur son étourdissante poitrine dans le film « *The Outlaw* ». À l'époque, Orson Welles affirme : « *La carrière d'une star commence quand elle ne peut pas rentrer dans son soutien-gorge et s'achève quand elle ne peut plus rentrer dans sa jupe* ».

Le *soutif* disparaît après mai 1968, revient dans les vitrines de Chantal Thomas, se transforme en sculpture de tissus avec Jean-Paul Gaultier.

Ce survol rapide de quelques siècles de l'histoire de la mode féminine démontre surtout qu'on n'a pas toujours trouvé indispensable de soutenir les seins.

THE SUN

Quel métier exerçait vraiment la fille de la page 3 ?

Le 17 novembre 1969, pour la première fois de son histoire, le quotidien britannique *The Sun* publia en page 3 la photo d'une jeune fille portant un t-shirt très moulant. Un an plus tard, le 17 novembre 1970, Stéphanie Rahn fut la première fille aux seins nus y faisant son entrée. Depuis, plus de neuf mille jeunes femmes ont exhibé leur poitrine dénudée dans cette feuille de chou.

En août 2012, la campagne «*No more page 3*», encouragée par des parlementaires et des féministes, marque le début de la fin de cette pratique éditoriale. Le patron du *Sun,* Rupert Murdoch, semble décidé à abandonner ses chères petites femmes nues qui ne lui rapportent plus guère de lecteurs supplémentaires. En janvier 2016, une certaine Lissy de Manchester est la dernière fille *topless* à poser en page 3. Quelques jours plus tard, le quotidien publie un démenti et une photo : «*Suite à de récentes informations de presse, nous souhaitons clarifier que ceci est la page 3 et que ceci est une photo de Nicole, 22 ans, de Bournemouth*». Les filles de la page 3 disparaissent, reviennent, disparaissent à nouveau pour se cantonner dans des calendriers et toujours sur le site internet du quotidien.

La plus célèbre des « *Page 3 girls* » reste la plantureuse chanteuse Samantha Fox et son étonnante poitrine. Inconnue de ce côté du Channel, la starlette Jordan est considérée en Grande-Bretagne comme la véritable vedette révélée au public grâce à l'exhibition de ses seins dans le *Sun* en 1996. Depuis, la jeune femme, née Katrina Amy Alexandra Alexis Infield en mai 1978, incarne à peu près tous les types de dérives liées à la notoriété acquise de cette manière : chirurgie esthétique médiatisée, passage dans des émissions de téléréalité bas de gamme, aventures avec des chanteurs de *boys band* ou des footballeurs et pour finir, l'inévitable *sextape*… Rebaptisée Katie Price, blonde et quadragénaire, toujours dotée d'un 32GG de tour de poitrine, elle est considérée en Grande-Bretagne comme une sorte d'équivalent de Kim Kardashian.

Les filles plantureuses de la page 3 participèrent en Grande-Bretagne à la banalisation et à la popularisation du « *boob's job* », la chirurgie esthétique des seins, ces augmentations mammaires, point commun de toutes ces starlettes mises en vedette par *The Sun*.

Giuseppe Bartolomeo Chiari : «Suzanne et les vieillards», vers 1700-1727.

SUZANNE AU BAIN

Une jeune femme nue sort de son bain, guettée par deux vieillards se dissimulant à peine. À moins qu'ils ne se fassent plus entreprenants en tentant de lui arracher ce qui lui reste de vêtement. Qui est-elle ?

La chaste Suzanne est pourtant la femme qui figura le plus souvent les seins nus sur les murs des musées. L'histoire telle que nous la raconte la Bible, dans le 13e chapitre du livre de Daniel, est en effet bien propice à être illustrée d'images grivoises. Deux vieillards ont été nommés juges et sont hébergés par un notable dont la fille, Suzanne, éveille leur lubricité. Elle est belle, ils n'ont qu'une idée en tête, la voir nue.

« Comme ils guettaient une occasion favorable, il arriva que Suzanne entre dans le jardin, comme elle l'avait fait la veille et l'avant-veille, accompagnée seulement de deux jeunes filles et désira se baigner parce qu'il faisait chaud. Il n'y avait là personne sauf les deux anciens qui s'étaient cachés et la guettaient. Elle dit aux jeunes filles : "Apportez-moi donc de l'huile et des parfums et fermez les portes du jardin, pour que je me baigne". Elles firent ce qu'elle avait dit, fermèrent les portes du jardin et sortirent par les portes de derrière pour apporter ce qu'elle avait demandé ; elles ne savaient pas que les anciens étaient cachés. Dès que les jeunes filles furent sorties, les deux anciens se levèrent, coururent à Suzanne et lui dirent : "Voici que les portes du jardin sont fermées, personne ne nous voit et nous sommes pleins de désir pour toi ; donne-nous donc ton assentiment et sois à nous. Sinon, nous témoignerons contre toi qu'un jeune homme était avec toi et que c'est pour cela que tu as renvoyé les jeunes filles" ».

Suzanne refusant, ils lui font un terrible chantage : soit tu acceptes de te donner à nous, soit nous disons que nous t'avons surprise en train de faire l'amour avec un jeune homme. Elle ne cède pas et se met à crier. La suite tourne à la confusion de la pauvre fille. Convaincue d'adultère par les deux vieillards, elle est condamnée à être lapidée.

Heureusement, Dieu veille : il éclaire l'esprit d'un nommé Daniel qui demande à ce qu'elle soit rejugée. Les deux vieillards sont interrogés l'un après l'autre. Ils se contredirent et la cause est entendue : ils mentent et sont impitoyablement tués par la foule versatile.

Depuis, des dizaines de toiles ont reproduit la scène de voyeurisme et la tentative de viol la plus célèbre de la Bible. Suzanne est toujours surprise nue, tandis que les vieillards se font plus ou moins entreprenants. Ils se cachent encore dans le lointain dans deux toiles que le Tintoret consacra à cette histoire en 1550 et en 1555. Ils se font bien plus entreprenants dans les toiles de Giuseppe Bartolomeo Chiari ou de Giuseppe Cesari. Ils se font menaçants chez Véronèse. Suzanne repousse leurs premiers attouchements chez Artemisia Gentileschi. Tout cela finit par ressembler à une tentative de viol dans les toiles de Géricault ou celle d'Alessandro Allori en 1561, qui présente les vieillards tentant d'immobiliser Suzanne.

Tous les ingrédients d'une forme d'érotisme trouble sont contenus dans cette brève histoire : le bain, les huiles, la nudité de Suzanne, le désir, la concupiscence, la bestialité des vieillards. Les deux hommes sont toujours représentés grimaçants, Suzanne est implorante, ou simplement inquiète lorsqu'elle ne comprend pas encore ce que lui veulent les deux hommes.

Et quel peintre pouvait résister à un pareil prétexte biblique pour peindre le corps délicat des jeunes filles de son temps, car Suzanne, observée, menacée ou déjà harcelée et violentée a presque toujours les seins nus ?

Les librettistes d'opérette et les cinéastes prirent le relais, utilisant davantage la réputation sulfureuse de cette anecdote que son contenu réel. En 1910, le compositeur allemand Jean Gilbert s'empare du thème de l'innocence en proie à la concupiscence, dans une petite fantaisie musicale adaptée au cinéma en 1926, par Richard Eichberg. La version anglaise du film, intitulée « *The Girl on The Taxi* », exprime bien que ses auteurs se sont éloignés de l'anecdote biblique.

L'adaptation française de l'opérette, « *La Chaste Suzanne* » d'André Berthomieu en 1937, est l'occasion d'aller traîner un peu dans les coulisses du Moulin Rouge en compagnie de Raimu campant un vieux noceur. En revanche, Suzanne, la comédienne Meg Lemonnier, y reste assez chastement vêtue.

Quant à Georges Feydeau, il s'amusa à baptiser l'un des personnages féminins de la pièce « *Tailleur pour dames* », madame Suzanne Aubain…

Martin Schongauer : « La tentation de saint Antoine ».

LA TENTATION DE SAINT ANTOINE

Comment a-t-il fait pour résister ?

Mais qui peut bien être ce vieil homme en haillons entouré de jeunes femmes aux seins nus ? Et pourquoi semble-t-il si perturbé par leur présence ?

Il se nomme Antoine le Grand, allias Antoine d'Égypte, car il serait né en 251 en Égypte justement. Mais il est surtout connu sous un pseudonyme qui décrit l'élément saillant de son destin, Antoine du désert.

Cet homme d'une grande piété choisit de s'éloigner des hommes pour se rapprocher de Dieu. Il en profita pour créer un mouvement, l'érémitisme, qui poussa des milliers de croyants à vivre en ermites. Antoine est radical et s'éloigne du monde pour prier tranquillement. C'était sans compter les ruses du Malin. Le

Félicien Rops : « La tentation de Saint-Antoine », 1878.

Diable en personne décide de mettre sa foi à l'épreuve en l'exposant à diverses tentations.

Gustave Flaubert, auteur d'une nouvelle justement intitulée « *La Tentation de saint Antoine* », décrit la scène : « *Puis il m'envoya ses filles belles, bien fardées, avec des ceintures d'or, les dents blanches comme le jasmin, les cuisses rondes comme la trompe de l'éléphant. Quelques-unes étendent les bras en bâillant, pour montrer les fossettes de leurs coudes; quelques-unes clignent les yeux, quelques-unes se mettent à rire, quelques-unes entrouvrent leurs vêtements. Il y a des vierges rougissantes, des matrones pleines d'orgueil, des reines avec une grande suite de bagages et d'esclaves* ».

Elles entrouvrent leurs vêtements. Les peintres se font plus précis, les filles ont les seins nus, elles se collent au pauvre vieillard qui a bien du mérite à résister à pareille tentation.

Il va sans dire qu'une scène d'une telle lubricité inspira les peintres. La version de Bruegel a des allures de reportage dans un bordel ou une soirée libertine.

Le peintre belge Félicien Rops fut le plus explicite, sa toile, dont voici la description par le conservateur du musée namurois qui lui est consacré, est ébouriffante. « *Saint Antoine est à gauche, vêtu de guenilles sombres qui contrastent avec les couleurs flamboyantes des personnages de sa vision. Une femme nue a remplacé le Christ sur la croix, la formule "INRI" (Jésus de Nazareth Roi des Juifs) a cédé la place à "Eros", explicitant très clairement la nature de la tentation* ».

Cette histoire fut le prétexte à d'autres exhibitions scandaleuses. À Douai, le 3 septembre 1662, pour la translation, dans l'église des Récollets, des reliques de saint

Prosper, une estrade entre autres, élevée dans la Basse-Rue, présentait « *Le Théâtre d'Amour ou les Vanités du Monde* » : des courtisanes étalaient et offraient leurs charmes «*par dérision des pauvres dévotes qui n'avoient pas d'autre amant que Jésus*»; sur la place publique, c'était « *La Tentation de saint Antoine* », avec toutes les exhibitions de la chair féminine que comporte ce rituel.

Saint Antoine le Grand a parfaitement supporté ce petit épisode frustrant dans le désert puisqu'il mourut à 105 ans.

TOP 50

Qui se souvient du « Topless 50 » ?

Au début des années 80, la nouvelle chaîne de télévision *Canal +* produit un hit-parade d'un nouveau genre, illustré par des vidéo-clips qui commencent à apparaître sur les écrans.

Ce n'était pas l'objet principal de l'émission, mais les années *Top 50* restent l'âge d'or des chanteuses aux seins nus. Jamais avant cela, presque jamais plus depuis, autant de chanteuses, jeunes et jolies, ne se dénudèrent aussi gaillardement, le temps d'un clip, de quelques photos, ou de prestations télévisées en direct.

On pourrait remplir un DVD de ces prestations coquines et affriolantes. On y rencontrerait évidemment Mylène Farmer, délicieusement nue dans les clips de « *Libertine* » puis de « *Pourvu qu'elle soit douce* » – elle a récidivé depuis, mais jamais avec autant de grâce. On rencontrerait Caroline Loeb, se roulant dans la ouate les seins nus. On verrait la délicieuse poitrine de Buzy offerte à *Adrian* ou les seins de Guesch Patty à peine voilés par une croix de papier collant noir – l'une des tenues préférées des icônes sexy gothiques...

Dans le genre *bimbo* humide, on retiendra le clip de mademoiselle Sabrina, luttant dans une piscine contre l'inévitable chute de son maillot de bain, pauvre chose vaincue par l'agitation d'un 95C en voie d'émancipation. Et puis, il y eut toutes ces trahisons vestimentaires, plus ou moins fortuites, révélant de jolies poitrines en vadrouille : celle de Catherine Ringer – qui s'était déjà largement exposée dans des films X, certes – lors de versions live trop frénétiques de « *Marcia Baïla* », la crise d'indépendance d'un sein d'Agathe Labierna, chanteuse du groupe Regrets, s'échappant de son corset...

Les magazines vinrent également offrir aux chanteuses l'occasion de dévoiler leurs charmes. Samantha Fox et son incroyable poitrine firent les beaux jours de la presse tabloïd anglaise avant même qu'elle ne chante. La presse masculine française ne fut pas en reste. *Playboy* présentant des photos dénudées de la sculpturale Élie Medeiros, puis la poitrine menue de Caroline Loeb enlaçant une sorte de *chippendale*, *Lui* dévoilant les charmes de Lio en décembre 1988 lors d'un numéro célébrant le 25e anniversaire de la revue. *Lui* qui récidive avec quelques superbes photos de Corynne Charby, pile et face évidemment... Pia Zadora, première du *Top* au début de l'année 1985, apparaît aussi régulièrement nue dans des magazines : c'est d'ailleurs l'activité artistique où elle se révèle la plus talentueuse. Sans oublier les cas plus particuliers de Vanessa Paradis, également actrice, se dénudant dans « *Noce Blanche* », un film de Jean-Pierre Brisseau, ou de l'ineffable chanteuse Stéphanie de Monaco, régulièrement victime de l'inquisition des paparazzi.

La vedette incontestée de cette période particulière de l'histoire de la chanson restera évidemment Madonna, dont on redécouvrit souvent des photos de nu antérieures à son succès. Elle en rajouta en publiant l'album

« *Sex* », accompagné d'un livre de photos la présentant nue dans toutes sortes de situations scabreuses.

Madonna dont les seins furent magnifiés par le soutien-gorge obus dessiné pour elle par Jean-Paul Gaultier en personne. Toute une époque !

TOPLESS

Sans haut, les seins nus... Mais pourquoi sur les plages ?

Le terme anglo-saxon a tendance à désexualiser l'exhibition. Sont *topless,* sans le haut, les femmes qui bronzent tranquilles sur la plage sans marque de maillot ou les manifestantes qui réclament le droit d'être torse nu dans des lieux publics à l'égal des hommes.

La plage, depuis la fin des années 60, a été le théâtre de la nudité des seins. Même si depuis quelques années la presse en annonce chaque année la disparition, cette forme d'exhibition est en France couramment admise.

Le sociologue Jean-Claude Kaufmann[1] s'interrogea sur le caractère particulier de cette nudité. *« Il est quand même tout à fait étonnant qu'un sein que l'on expose sans façon devienne, une fois franchies les limites de la plage, un objet de désir que l'on doit cacher. Or, tout le monde a intégré ce code au point de le considérer comme "normal". Ceci révèle tout simplement que nombre de gestes de la vie ordinaire, apparemment simples et naturels, sont en fait des conventions, qui ont subi de grandes variations historiques et qui continuent à changer sous nos yeux ».*

Pourquoi cette convention, le port d'un vêtement recouvrant la poitrine, cesse-t-il d'être respectée sur les plages ? Sans doute parce qu'il s'agit, de tout

---
1. KAUFMANN, Jean-Claude, *Corps de femmes, regards d'hommes, sociologie des seins nus*, Nathan, 1995.

temps, d'un lieu de liberté, un hors champ du monde. *« La plage est avant tout l'antiespace de la ville,* écrit Kaufmann, *le dénuement du paysage et la dénudation des corps somnolents concentrés sur leurs sensations épidermiques. Le vacancier cherche à obtenir toujours plus ; de soleil, de peau offerte, de dépaysement, de liberté. Les seins nus sont plus qu'une compensation tranquille. Face à l'étroitesse du quotidien, à l'étouffement de la routine, ils représentent une tentative d'élargissement du cadre de la vie dans ce lieu qui se prête à toutes les souplesses ».*

Restent les hommes, ceux dont l'insistance du regard ou la bienveillance permettent aux femmes de vivre comme bon leur semble sur la plage. Kaufmann développe la théorie des trois regards que les hommes jettent sur les poitrines dénudées : le regard banalisant, le regard sexualisant et le regard esthétisant… La disparition du *topless* sur les plages tient au nouveau déséquilibre entre ces différents regards. Le jugement esthétisant l'emporte sur la banalisation. Les regards se font plus agressifs, le voyeur collant remplace le copain cool. Par ailleurs, chaque détenteur d'un *smartphone* est aujourd'hui un paparazzo potentiel.

Chercheur au laboratoire *Culture et Société en Europe*, le professeur David Le Breton, interrogé par le site *Planet.fr* constatait : *« Au cours de ces dernières années, on a aussi davantage entendu parler du harcèlement des femmes dans les lieux publics, comme les transports en commun. Cela contribue à créer un climat moins sécurisé et donc moins propice à ce que les femmes osent enlever leur haut de maillot de bain à la plage. »*

Le *topless*, has been ?

La faute aux hommes, donc…

Cranach l'Ancien : « Les Trois Grâces », 1531.

LES TROIS GRÂCES

Quelles sont leurs trois motivations à montrer les seins ?

Elles sont trois et vivent nues en permanence. Petites divinités naturistes, les « Charités » de l'Olympe incarnent la joie de vivre. On ne peut rien leur reprocher, pas même cette forme d'exhibitionnisme joyeux qui fait partie de leurs charmes.

Euphrosyne représente l'allégresse ; elle est associée aux banquets réunissant les dieux lorsqu'ils prennent du bon temps, alliant les joies de la gastronomie et celles de la sensualité. Thalie incarne l'abondance, l'abondance en tout et surtout en plaisirs. Aglaé, enfin, est la messagère de la déesse de l'amour et l'incarnation de la beauté. À moins qu'elles n'incarnent, selon d'autres traditions, les trois états de l'amour : la beauté, le désir et l'accomplissement. Séparément, elles sont charmantes, et autant dire que réunies, elles n'engendrent pas la mélancolie. Et Dieu qu'elles sont belles ! Toujours nues et toujours enlacées, comme trois copines inséparables. Pareil spectacle ne pouvait qu'inspirer les artistes. Tous, de Raphaël à Lucas Cranach en passant par Rubens ou Botticelli, ont peint au moins une fois le spectacle charmant des trois jeunes femmes nues et enlacées. On aura reconnu là la liste des artistes ayant, chacun à leur époque et selon leur style, joué avec allégresses des prétextes mythologiques ou bibliques pour concevoir des images d'un érotisme élégant, nous permettant au passage d'apprécier les canons de la beauté en leur temps.

En France, les villes de Bordeaux et Montpellier peuvent s'enorgueillir d'avoir rangé leurs places principales sous la très sage protection des trois jeunes femmes délurées. Leurs fontaines des trois Grâces viennent dispenser fraîcheur et beauté.

Les trois jeunes déesses ont également été incarnées par des personnages bien réels.

Louis III de Mailly-Nesle eut ainsi cinq filles dont quatre furent les maîtresses du roi Louis XV. Un célèbre tableau visible à Fontainebleau représente trois d'entre elles, nues, dans la posture des trois Grâces. Louise-Julie, «brune et maigre», fut la première, Pauline-Félicité, plus belle et plus active au lit – il paraît! – lui succéda avant de passer son tour à Diane-Adélaïde… La dernière, Marie-Anne, fut l'une des dernières maîtresses du roi avant l'apparition de la marquise de Pompadour.

Un poème anonyme disait :

« *L'une est presque en oubli,*
L'autre presque en poussière,
La troisième est en pied, la quatrième attend,
Pour faire de la place à la dernière.
Choisir une famille entière
Est-ce être infidèle ou constant ? »

Cette histoire loufoque est malheureusement un peu triste, car, outre leur goût dans le choix d'un amant, les sœurs de Nesle eurent en commun de mourir très jeunes.

Mais leur beauté sera célébrée à jamais, pour avoir incarné les trois Grâces.

Raphaël : « Les Trois Grâces », 1503-1508.

John Webber : « Poedaa, la fille d'Oree », 1777.

LES VAHINÉS

Étaient-elles vraiment nues ?

Le navigateur Louis-Antoine de Bougainville en découvrant, le 6 avril 1768, l'île de Tahiti et les décors paradisiaques de l'océan Pacifique, associa immédiatement la beauté des paysages à celle bien plus troublante encore des jeunes femmes qui les habitaient.

Et comment résister à ces splendeurs ? Elles ont de longs cheveux odorants, des fleurs sur l'oreille et sont simplement vêtues d'un paréo et d'une goutte de monoï pour parfumer leur peau... Elles ont évidemment les seins nus et semblent prêtes à tout pour satisfaire sexuellement leurs visiteurs.

Serge Tcherkezoff, directeur du Centre de recherches et de documentation sur l'Océanie, a fait un sort à ce mythe de la femme légère et court vêtue, totalement libérée sexuellement en rappelant le contexte de la visite des premiers explorateurs blancs[1]. Dans un monde coupé de toutes relations avec l'Occident, l'apparition brutale de conquérants descendant de bateaux d'une taille inouïe, parés de vêtements étranges, fut assimilée à l'intervention de dieux à qui il fallait offrir des sacrifices... Les vahinés, dénudées et offertes, furent envoyées à la rencontre des nouveaux arrivants.

---

1. TCHERKÉZOFF, Serge, *Le Mythe occidental de la sexualité polynésienne*, 1928-1999, PUF, 2001.

Il s'ensuivit une certaine confusion entre la réalité de leur comportement quotidien et le mythe colporté par les explorateurs, littéralement subjugués par leur beauté et leur disponibilité sexuelle. Les peintres évidemment se chargèrent de faire connaître au monde leur beauté digne des représentations du paradis avant la faute originelle. Une toile de John Webber présente en 1777 la belle Poedooa, 19 ans, fille d'Orio, chef du district d'Haamanino, sur l'île de Raiatea. Elle a évidemment les seins nus. Sans qu'on sache exactement s'il s'agit de son costume habituel ou d'une demande du peintre, le temps de la pose. Par la suite, Paul Gauguin peignit un grand nombre de femmes des îles, parfois nues, parfois le corps intégralement couvert d'un paréo. Les photographes puis les cinéastes prirent le relais.

Dans son documentaire intitulé « *Moana* » présenté en 1926, le cinéaste Robert Flaherty présente la vie apparemment idyllique d'un pêcheur polynésien et de sa fiancée. Les vahinés y apparaissent régulièrement les seins nus sous un collier de fleurs, lorsqu'elles prennent le frais près de l'eau fraîche des cascades, lorsqu'elles dansent ou même lorsqu'elles travaillent sur leurs métiers à tisser. Le slogan accompagnant le film, « Découvrez un monde de beauté sensuelle », ne laissait aucun doute sur les intentions de ses producteurs.

En 1931, le cinéaste allemand Friedrich Murnau, conseillé par Flaherty, tourna à Bora Bora le film « *Tabou* » présentant les amours de deux jeunes gens, Matahi le pêcheur et la belle Reri. L'apparition de vahinés dénudées dans le cadre de cérémonies religieuses participa à son succès. À la sortie du film, le critique Georges Charensol écrivit : « *Baudelaire eût été fou de ces tableaux idylliques où l'on voit les plus harmonieux corps d'hommes et de jeunes filles se mêler à l'eau salée du Pacifique, à l'eau douce des torrents de montagnes. On aimerait plus de nudité encore, mais ces cuisses superbes, ces seins nus, ces chevelures couronnées d'orchidées suffisent à nous combler* ».

Au cinéma encore, « *Les Révoltés du Bounty* »[1] vint perpétuer le mythe de la vahiné séduisante. Marlon Brando tombe sous le charme de sa partenaire polynésienne qui interprète le rôle d'une princesse, fille du roi tahitien. « *Il se marie en 1962 avec cette belle Polynésienne, née à Bora Bora, au doux nom de Tarita Teriipaia. Le couple s'établit à Tetiaroa dans l'archipel de la Société* ».

Quant aux vahinés bien réelles, eurent-elles en permanence les seins nus ? Rien n'est moins certain… Sinon lors de spectacles de danse sur la plage où naguère, pour accueillir des visiteurs venus de loin qu'elles prenaient, bien à tort, pour des dieux.

---

1. *Les Révoltés du Bounty*, Lewis Milestone, 1962.

Le Tintoret : « Veronica Franco », 1575.

VENISE

Mais pourquoi maquillaient-elles leurs seins ?

Veronica Franco est une courtisane vénitienne, sans doute la plus célèbre de son temps, suffisamment célèbre pour que le Tintoret soit tenté de faire son portrait. Il la représente en buste, vêtue d'une robe très curieuse qui dévoile ostensiblement et très volontairement sa poitrine. Leurs tétons sont bien apparents, sombres, comme si on les avait maquillés. Et c'est le cas : les courtisanes vénitiennes maquillaient leurs mamelons et leurs aréoles d'une belle couleur rouge vermillon, pour qu'ils se voient de loin.

Il est vrai qu'elles avaient le droit et même le devoir de les exhiber. Elles s'asseyaient à leur fenêtre, les seins nus, une pratique si courante que certaines artères de la ville en conservent le souvenir, comme « *Il ponte delle tette* », le pont des tétons.

Cette pratique n'était en rien illégale et même encouragée par les doges, au nom du fait qu'ils « préféraient la prostitution à l'homosexualité ». Il fallait donc réveiller les sens des passants en montrant de beaux seins, au téton maquillé de rouge, comme un beau fruit offert.

Les femmes qui s'exposent ainsi ne sont pas toutes – et de loin – des prostituées de bas étage. L'historien Alvise Zorzi dans son « *Histoire de Venise* »[1] raconte :

---
1. Zorzi, Alvise, *Histoire de Venise*, Tempus, 2015.

« *La courtisane est belle, soignée, fréquente les bains de vapeur, se blondit les cheveux, vit dans un luxe raffiné au milieu de tapis, de damas, de tableaux de maîtres, tandis que ses amants la couvrent de bijoux, de vers, de madrigaux et de sérénades. Elle compose, joue du luth, tient cénacle, est honorée* ».

Le Titien n'était pas insensible aux charmes des courtisanes vénitiennes. Il fit poser l'une des plus célèbres d'entre elles, naturellement les seins nus. Fiammetta Bianchini incarne la « *Vénus d'Urbino* », entourée de petits chiens somnolents. L'œuvre qui représente une prostituée devint le prototype du « nu couché », une image reprise par des milliers de peintres au cours des siècles suivants.

Le Tintoret a pour modèle l'une des consœurs de Fiammetta, tout aussi belle et célèbre, Veronica Franco, qu'il représente en Danaé, nue sous une pluie d'or. Le roi Henri III en personne eut l'honneur de passer une nuit à ses côtés. « *Il avait alors 23 ans et malgré les rumeurs sur ses penchants homosexuels, les autorités vénitiennes lui avaient offert la compagnie de cette "cortigiana onesta" d'une certaine réputation*[1]. *Mais il est certain que le roi passa chez elle une nuit et qu'il repartit en emportant avec lui un portrait d'elle, probablement une œuvre du Tintoret. De son côté, Veronica lui dédia une lettre et deux sonnets, qui n'étaient pas ses premiers essais poétiques* ».

En 1580, elle fut dénoncée au Saint-Office et accusée de toutes sortes de crimes pour la plupart imaginaires : sortilèges, négligence des sacrements, pacte avec le

---

1. SALWA, Piotr, « Veronica Franco et la dignité d'une courtisane », in *Italique*, XV, 2012.

diable et faux mariage... Le procès se termina par une grande confusion chez ses accusateurs. Veronica eut le temps avant de mourir, vers 45 ans, de créer une institution charitable venant en aide aux anciennes prostituées tombées dans la misère.

Elle inspira les peintres et un cinéaste. Dans le film « *Dangerous Beauty* » réalisé en 1998 par Marshall Herskovitz, elle est incarnée par Catherine McCormack, bien moins décolletée que son modèle.

Veronica Franco nous est surtout connue grâce à ce portrait réalisé par le Tintoret en 1575, outrageusement décolleté, les seins nus, aux aréoles maquillées de rouge vermillon.

Botticelli : « La naissance de Vénus », 1480.

VÉNUS

Comment être nue sans honte, sinon en se servant du personnage de Vénus comme prétexte pour se dénuder ? Mais pourquoi une femme célèbre se devait-elle d'être représentée « en Vénus » ?

Vénus est presque toujours nue. C'est sans doute la femme, un personnage mythologique certes, dont on a le plus souvent exposé les seins nus. Il faut dire qu'ils sont parfaits. Vénus est la plus belle femme que la Terre ait portée. Le berger Pâris, appelé à en juger, n'hésita pas un seul instant avant de le proclamer.

Vénus est la déesse de l'amour et de la beauté – qu'elle s'appelle encore Aphrodite en Grèce ou Cypris la Chypriote – elle n'est sans égale, ni parmi les déesses ni parmi les mortelles.

Botticelli l'a peinte naissant des ondes, debout sur un coquillage, tandis que les peintres du XIXe siècle, tel Cabanel, décrivaient de manière beaucoup plus littérale la naissance de la déesse en la faisant émerger d'un lit d'écume, sa mère ayant jeté les testicules de son père dans l'eau, provoquant un jaillissement de sperme fécondateur… Voilà qui est difficile à représenter sans passer par le filtre de l'allégorie. Mais ce n'est pas forcément la vérité, car Homère affirme pour sa part qu'Aphrodite serait la fille de Zeus et de la déesse Dionée. On ne sait trop à qui se fier.

Vénus a été l'épouse du dieu Vulcain à qui elle fut mariée de force et qu'elle a trompé avec Mars, le dieu de la guerre plutôt bien bâti. Son fils, Éros, est le petit dieu de l'amour, tandis que son second enfant, Hermaphrodite, comme son nom l'indique, est un adepte de la théorie du genre. Elle serait par ailleurs la mère du demi-dieu Énée qu'elle aurait eu en passant quelques nuits torrides avec un dénommé Anchise. Cette alliance permit bien plus tard à Jules César d'affirmer qu'il descendait en droite ligne de Vénus, Anchise étant l'ancêtre que s'attribua la *gens* Julia.

On reconnaît Vénus à ses attributs empruntés à Aphrodite : elle porte un miroir accroché à la ceinture, est régulièrement entourée d'une colombe et d'un cygne et conserve la pomme qui lui fut attribuée lors du jugement de Pâris. Mais une seule chose permettrait de la reconnaître entre toutes : la plus belle poitrine de l'univers.

De multiples représentations de ses seins sublimes ont été sculptées durant l'Antiquité, à commencer par la célèbre statue de la Vénus de Cnide, que l'on venait voir de tout le monde antique. Par la suite, il fallut attendre la Renaissance et le retour du nu profane dans le monde de l'art pour voir à nouveau des représentations de ses splendeurs.

Tous les peintres succombèrent alors à ses beautés.

Chaque âge produit sa Vénus remarquable, de la douce et hiératique Vénus debout dans un paysage de Cranach, aux chairs délicates imaginées et peintes des Vénus voluptueuses batifolant avec Mars ou son fils Éros, dans un décor champêtre ou des nuages de dentelle, par François Boucher.

Voilà qui devait susciter quelques jalousies chez les véritables femmes de chair et d'os.

Se faire sculpter ou peindre « en Vénus » devient donc une manière de concilier l'exhibitionnisme le plus radical avec une manière élégante de faire constater son immense culture et son respect des vertus antiques, tout en s'attribuant la réputation de beauté parfaite de la déesse. Ce n'était d'ailleurs pas le seul prétexte utilisé par les peintres. Drouais présente Madame Du Barry « en Flore », Nattier peint la princesse de Lambesc « en Minerve », Madame de Châteauroux « en Point du Jour », Madame de Flavacourt « en Silence », toutes deux visibles au musée Cognacq-Jay, ou Mademoiselle de Clermont « en Déesse des Eaux... » Prétexte chaque fois à faire deviner – au minimum – l'ombre d'un mamelon rosé sous le voile translucide.

Mais rien ne peut concurrencer la représentation « en Vénus ». Lorsque Pauline Bonaparte se retrouve représentée nue par le sculpteur Canova, c'est « en Vénus ». François de Troy, pour permettre à de braves nobles de la cour de Louis XIV d'exhiber un peu la poitrine charmante de madame, les représente « en Vénus et Pâris ». Il utilise ce procédé à plusieurs reprises, présente en 1688 « *Une femme désarmant l'amour* », tout comme Nicolas de Largillère représentant une bourgeoise de son temps dans le même style. Ce fut une mode au XVIIe siècle, tandis qu'Étienne-Maurice Falconnet présente Madame de Pompadour « en Vénus aux colombes »... La quintessence de ces portraits est due à Fragonard, dont la « *Mademoiselle Marie-Catherine Colombe en Vénus Glorieuse* » met en valeur la délicate beauté de son modèle.

Et de ses seins, car rappelons-le, se faire représenter « en Vénus », c'est faire admettre par l'artiste et par tous ceux qui verront son œuvre qu'on est d'une grande beauté, mais surtout, qu'à l'égal de Vénus, on a de bien jolis seins.

Pierre-Paul Rubens : « L'origine de la Voie Lactée », 1636-1638.

LA VOIE LACTÉE

Faite par les seins ?

Zeus souhaitait que son fils Hercule, fruit de ses amours avec Alcmène, soit immortel. Il décida donc de lui faire boire le lait de sa femme Héra en le glissant dans sa couche et contre son sein à la place de ses autres enfants. Hercule mordit le téton nourricier avec tant de force qu'il en réveilla Héra.

Elle découvrit alors Hercule qu'elle jeta au loin et son geste violent fit jaillir des gouttes de lait jusqu'aux confins de l'univers créant la Voie lactée. Rubens a peint une représentation de la scène alors même qu'Héra arrache l'enfant de son sein. Le Tintoret ajoute Zeus à la composition, tenant son fils hors de portée de la colère d'Héra. Des prétextes pour montrer un peu la poitrine de Madame Zeus, évidemment.

Mae West dans *Go West, Young Man* (1936)

MAE WEST

Pourquoi les aviateurs américains pensaient-ils aux seins de l'actrice Mae West dans les circonstances les plus sinistres ?

Sans doute, et en premier lieu, parce que Mae était une femme si extraordinaire qu'on ne pouvait que penser à elle en toutes circonstances. Selon le critique de cinéma François Forestier[1], « *Mae West a été la plus désirée, la plus enviée, la plus copiée des stars de Hollywood dans les années 1930. Choucroute blonde, mascara à la truelle, faux cils en poils de zibeline, poumons de compétition, hanches montées sur roulements à billes et bijoux des pieds à la tête, elle a fait rêver l'Amérique, puis le monde entier, puis la galaxie.* » Ses mensurations n'ont pourtant rien d'extravagant, 1,52 mètre, 53 kilos, pointure 37, soutien-gorge 85 D, c'est même un petit gabarit… Mais la donzelle est aussi célèbre pour son sens de la répartie et son immoralité assumée que pour sa volumineuse poitrine. « *Quand je suis bonne, je suis bonne,* disait-elle, avant d'ajouter, *mais quand je suis mauvaise, je suis la meilleure !* »

Mae West fut la première des bombes sexuelles. Une bombe « gaie et sensuelle » qui allait éclater en produisant le premier spectacle qu'elle écrivit, une comédie sobrement intitulée « Sex ». Quelque temps plus tard,

---
1. *Le Nouvel Observateur*, janvier 2015.

après un succès phénoménal, Mae récidiva avec une pièce consacrée à un sujet tabou à l'époque : « Drag » présentait de manière sympathique et délirante l'univers des boîtes homosexuelles clandestines.

C'en était trop! Mae fut accusée d'immoralité et convoquée devant un tribunal new-yorkais. Ses juges lui reprochèrent particulièrement de « bouger son nombril » de manière parfaitement indécente au cours d'une danse du ventre jugée obscène. Pour se défendre, si l'on peut dire, Mae demanda si elle pouvait danser dans le prétoire pour montrer de quoi il s'agissait réellement.

Elle devint alors l'une des reines de Broadway puis d'Hollywood, ponctuant les dialogues de ses productions de formules à l'emporte-pièce. *« Les braves filles vont au ciel, les autres font ce qu'elles veulent et vont où bon leur semble »*, *« Généralement j'évite les tentations, sauf quand je ne peux pas y résister »*, *« Entre deux maux, je choisis toujours celui que je n'ai pas essayé... »*

S'inspirant sans doute de ses propres émois, elle songea ainsi à porter à l'écran la vie d'une grande mangeuse d'homme devant l'éternelle, Catherine II de Russie. Moins par pudeur que par soucis pratiques, son scénario ne faisait état que d'une trentaine des trois cents amants que l'on prête à l'impératrice. Le film ne put être tourné, mais elle en fit une pièce de théâtre à succès. Les journalistes titrèrent alors « Mae l'impératrice du sexe ».

Par conséquent, les raisons de penser à elle ne manquaient pas pour un militaire éloigné de sa fiancée et en proie à tous les dangers... Pourtant, les aviateurs américains avaient une raison plus précise de songer à Mae lorsqu'ils couraient un grave danger. En référence à la généreuse poitrine de la star, ils avaient baptisé leur gilet de sauvetage « Mae West ». Il est vrai que ceux-ci, lorsqu'on les gonflait, donnaient aux naufragés l'aspect d'un être étrange et burlesque, doté d'une volumineuse paire de seins.

Mae West !

WOODSTOCK

Pourquoi dansaient-elles seins nus ?

Les grands festivals de rock organisés après le « *summer of love* » de 1967 permirent à la jeunesse de s'émanciper des règles de la société. Ce fut particulièrement le cas au festival de Woodstock qui débuta le 15 août 1969, le lieu par excellence pour se sentir enfin libre.

Les symboles de cette liberté apparurent au grand jour, les cheveux longs et des costumes colorés pour les filles et les garçons et une tendance à se mettre à poil en toute occasion. Les filles de Woodstock se déshabillaient pour danser, les seins nus, ondulant au rythme de la musique lointaine et des volutes de cannabis. Le journaliste Jean-Pierre Bouyxou[1] le rappelle dans un livre de souvenir sur le mouvement hippie : « *Dans les festivals de pop music, on se met nu par allégresse, par bravade, par jeu, par complicité pour manifester notre éblouissant bonheur d'être ensemble et pour faire tomber les tabous, les principes, les interdits.* »

En revanche, point besoin de brûler son soutien-gorge pour cela, cet autodafé souvent évoqué n'a vraisemblablement jamais eu lieu. Ce qui n'empêche pas les filles de l'ère hippie de se promener les seins nus sur les plages, dans les manifestations, dans les communautés…

---

1. BOUYXOU, Jean-Pierre et DELANNOY, Pierre, *L'Aventure hippie*, Plon, 1992.

L'une de leurs héroïnes fit de même, Janis Joplin, qui posa intégralement nue, le sexe à peine voilé par quelques colliers de perles. La photo avait été prise en 1967 par Bob Seidemann, tout étonné qu'elle veuille poser pour lui dans le plus simple appareil, alors qu'il souhaitait juste entrevoir ses seins.

Janis Joplin, les seins nus, une banalité durant les années *peace and love*.

D'ailleurs, en France, Johnny Hallyday chantait :

> *« Jésus, Jésus-Christ*
> *Jésus-Christ est un hippie*
> *(…)*
> *Il est barbu et chevelu*
> *Il s'est battu à Chicago*
> *Il aime les filles aux seins nus*
> *Il est né à San Francisco. »*

Affiche du film
Ilsa, la louve des SS.

SÉRIE Z

Mais pourquoi allait-on voir des films aussi lamentables ?

Bien plus insignifiante que la série B et ces petits films du samedi soir, les films de série Z, diffusés dans de petites salles de quartier, garantissaient aux spectateurs la découverte d'intrigues divertissantes et la présence de filles dénudées. Ce qui venait pallier l'indigence des scénarios se contentant de reprendre les grandes lignes de l'histoire d'un film récent ayant eu du succès, des décors choisis en fonction de la gratuité de leur usage ou de la proximité des bureaux du producteur et surtout du jeu des acteurs, dont le principal talent était de ne pas être trop exigeants lorsqu'il s'agissait de se faire verser leurs cachets…

Tous ces nanars, ces films « *navrants* » pour reprendre le qualificatif cher au critique Christophe Bier[1], se nourrissaient de l'air du temps. Après avoir proposé des démarquages de polars durant les années 50, puis des films d'horreur à budget insignifiant, ils offrirent aux spectateurs des années 70 ce qu'ils attendaient, de l'érotisme bon enfant et des filles nues.

Le cinéaste Max Pécas se distingua en tournant une série de films à l'intrigue aussi mince que le tissu des strings de ses actrices, systématiquement filmées les seins nus sur la plage. Ses chefs-d'œuvre, « *Deux enfoirés à Saint-Tropez* », « *On se calme et on boit frais à Saint-Tropez* », « *Les branchés à Saint-Tropez* », « *Mieux vaut être riche et bien portant que pauvre et mal fichu* », « *On n'est pas sorti de l'auberge* » en sont encombrés…

La société *Érociné*, fondée par un ancien forain, Marius Lesoeur, franchit un pas supplémentaire vers l'insignifiance des sujets et la médiocrité des scénarios, avec toujours pour ambition d'attirer des spectateurs par la promesse de l'exhibition de poitrines féminines. Mêlant sadisme de pacotille et reconstitutions historiques hasardeuses, la série des « *Fräulein SS* », « *Train spécial pour Hitler* » ou « *Helga la Louve de Stilberg* » présente quelques blondes *topless*, sous leurs uniformes nazis, généralement interprétées par l'actrice belge Monica Swinn.

Le cinéma italien n'était pas en reste, avec les aventures de « *La toubib* » produites à la fin des années 70. Cette série mettait en scène la comédienne Edwige Fenech, dont la principale contribution à l'histoire de la comédie italienne fut d'exhiber sa poitrine devant des

---

1. *Op. cit.*

figurants incarnant de jeunes militaires. « *La Toubib en délire* », ou « *La Toubib aux grandes manœuvres* » étiraient leurs intrigues désolantes pour le seul plaisir de la montrer brièvement les seins nus.

Dans un genre plus documentaire, les films « *Mondo* », qui, sous prétexte de montrer les dessous cachés de l'Histoire de l'Humanité, présentaient des images choquantes plus ou moins authentiques, usèrent de la présence d'un grand nombre de filles *topless* pour satisfaire le voyeurisme des spectateurs masculins. Le cinéaste Russ Meyer, qui consacra sa vie à la production de films mettant en scène des filles aux poitrines phénoménales, produisit évidemment un « *Mondo Topless* ». Tourné juste après son petit polar à gros seins intitulé « *Faster* », « *Pussicat ! Kill ! Kill !* », ce pseudo documentaire explore le monde des strip-teaseuses de San Francisco, avec Mesdemoiselles Babette Bardot (sic!), Darla Paris ou Gigi La Touche, chargées de montrer leurs poitrines.

Les *gialli*, ces films d'horreur italiens faisant la part belle à l'érotisme, avaient à peu près la même ambition. Des productions comme « *Les insatiables poupées érotiques du Dr Hitchcock* » ou « *La Mort caresse à minuit* », sont le prétexte à la présence à l'écran de jeunes femmes peu vêtues.

Durant ces insouciantes années 70, des cinéastes aux ambitions, aux goûts et aux talents très divers, de Jean Rollin à Tinto Brass, de Jesus Franco à Joe d'Amato mirent leur créativité au service de la célébration de la beauté féminine…

Enfin, quintessence du cinéma navrant à forte connotation érotique, citons un film emblématique de la

« Culture du nanar », « *Mon curé chez les nudistes* », de Robert Thomas en 1982. Cette œuvrette paillarde met l'acteur Paul Préboist en présence d'un grand nombre de jeunes femmes dénudées, entraînées par la sculpturale Katia Tchenko qui doit une grande partie de sa carrière à l'exhibition de ses seins nus. Un critique assez malveillant évoqua « *une brochette d'actrices toutes plus mauvaises les unes que les autres, choisies avant tout pour leurs qualités plastiques et non pour la profondeur de leur jeu. Certaines d'entre elles, vraiment nulles, provoquent obligatoirement l'hilarité du spectateur venu là pour assister à une œuvre régressive...* »
Et voir leurs seins.

Table des matières

90 B... 5
Sainte Agathe 9
Les Amas 13
Les Amazones 17
Andromède 21
Arletty... 25
Le bal des Quat'z'arts 29
Joséphine Baker 33
Brigitte Bardot 37
Bethsabée 41
Blason.. 45
Body painting et Boob'art.. 49
Lucrèce Borgia.. 53
Pauline Borghèse 57
Louise Brooks 61
Le Cantique des Cantiques 63
Le Casino de Paris 67
La Castiglione 73
Les cathédrales 75
Charity calendar.. 77
Cléopâtre 79
Colette 83
Concert Mayol... 87

Lucas Cranach	91
Madame d'Ora	93
Daphné	95
Diane	99
Carol Doda	103
Emmanuelle	107
Les entrées royales	109
Gabrielle d'Estrées	111
Étuves	115
Ève	119
Les fées	123
Lolo Ferrari	127
Les filles de Loth	129
Les Folies Bergères	133
La Fornarina	137
Go topless day	139
Lady Godiva	141
Hair	145
L'île du Levant	147
La Joconde	151
Le jugement de Pâris	153
La Justice	157
Ladybirds	159
Léda	161
La Liberté guidant le peuple	163
Lucrèce	167

Le magazine *Lui*	169
Pierre Louÿs	173
Sophie Marceau	177
La reine Margot	179
Marie-Antoinette	183
Mata Hari	187
Les Merveilleuses	191
Messaline	193
Les modèles	197
Monokini	199
Chesty Morgan	201
Myriam	203
Nana	205
Nippelgate	207
Les nymphes	209
Obus	213
Les odalisques	215
Oups!	219
Alice Ozy	221
Les paparazzi	223
Paris Hollywood	225
Dolly Parton	227
Phryné	229
Politique	233
La Pompadour	237
Madame Putiphar	239

Les religieuses	243
Le marquis de Sade	247
Saint-Tropez	249
Salomé	251
Les sirènes	255
Agnès Sorel	259
Soutien-gorge	263
The Sun	267
Suzanne au bain	269
La tentation de saint Antoine	273
Top 50	277
Topless	281
Les trois Grâces	283
Les vahinés	287
Venise	291
Vénus	295
La Voie lactée	299
Mae West	301
Woodstock	305
Série Z	307

Achevé d'imprimer en octobre 2017
sur les presses de la Nouvelle Imprimerie Laballery
58500 Clamecy
Dépôt légal : octobre 2017
Numéro d'impression : 709314

Imprimé en France

La Nouvelle Imprimerie Laballery est titulaire de la marque Imprim'Vert®